Destruction

F.T Marinetti

BIBLIOLIFE

Copyright © BiblioLife, LLC

BiblioLife Reproduction Series: Our goal at BiblioLife is to help readers, educators and researchers by bringing back in print hard-to-find original publications at a reasonable price and, at the same time, preserve the legacy of literary history. The following book represents an authentic reproduction of the text as printed by the original publisher and may contain prior copyright references. While we have attempted to accurately maintain the integrity of the original work(s), from time to time there are problems with the original book scan that may result in minor errors in the reproduction, including imperfections such as missing and blurred pages, poor pictures, markings and other reproduction issues beyond our control. Because this work is culturally important, we have made it available as a part of our commitment to protecting, preserving and promoting the world's literature.

All of our books are in the "public domain" and some are derived from Open Source projects dedicated to digitizing historic literature. We believe that when we undertake the difficult task of re-creating them as attractive, readable and affordable books, we further the mutual goal of sharing these works with a larger audience. A portion of BiblioLife profits go back to Open Source projects in the form of a donation to the groups that do this important work around the world. If you would like to make a donation to these worthy Open Source projects, or would just like to get more information about these important initiatives, please visit www.bibliolife.com/opensource.

F. T. MARINETTI

Destruction

POÈMES LYRIQUES

PARIS
LIBRAIRIE LEON VANIER, ÉDITEUR
A. MESSEIN, Succr
19, QUAI SAINT-MICHEL, 19

1904

« Poésie c'est délivrance ».

(GOETHE).

« Qu'est-ce que cela veut dire réalité ? Les uns voient noir, d'autres bleu, la multitude voit bête ».

(GUSTAVE FLAUBERT,
Éducation Sentimentale).

« N'avais-je pas été frappé de l'histoire de ce chevalier qui combattit toute une nuit contre un inconnu qui était lui-même ? Quoi qu'il en soit, je crois que l'imagination humaine n'a rien inventé qui ne soit vrai ou dans ce monde ou dans les autres, et je ne pouvais douter de ce que j'avais vu si distinctement ».

(GÉRARD DE NERVAL).

A LA VILLE DE PARIS

ce poème est dédié

INDEX

I. — **Invocation à la Mer Toute-Puissante
pour qu'elle me délivre de l'Idéal** 9
II — Mon Âme est puérile 17
III. — Les Babels du Rêve 33
IV. — Les Fumeries de l'Âme 41
V. — Nocturne (*a trois voix*). 51
VI — La Chanson du Mendiant d'Amour 63
VII — **Le Démon de la Vitesse** 75
    I. — *Les Terrasses de l'Amour* 77
    II — *Le Torrent Millénaire* 82
    III — *Le Soir Hindou* 89
    IV. — *Le Simoun* 93
    V — *Les Forêts Vindicatives* 98
    VI. — *Le Sabbat* 104
    VII. — *Le Fleuve Tyrannique* 111
    VIII. — *L'Enjeu Sublime* 119
    IX. — *Le Démon Cajoleur* 128
    X — *Le Voilier Condamné* 133
VIII. — Les Cafés de Nuit (chant qui finit en prose grossière) 141
IX — Le Chant de la Jalousie 161
X — Les Lacs d'or 187
XI. — Le Chevalier noir. 193
XII. — Hymne a la Mort 201
XIII. — **Invocation à la Mer Vengeresse
pour qu'elle me délivre de l'Infâme Réalité** . . 213
    I. — *Contre la Terre* 215
    II. — *Contre les Villes* 221
    III — *Contre l'Espoir de rebâtir* . . . 227

PROLOGUE

I

INVOCATION
A LA MER TOUTE-PUISSANTE
POUR QU'ELLE ME DÉLIVRE DE L'IDÉAL

INVOCATION A LA MER TOUTE-PUISSANTE
POUR QU'ELLE ME DÉLIVRE DE L'IDÉAL

pour Eugène Lautier.

O Mer, divine Mer, je ne crois pas,
je ne veux pas croire que la terre est ronde !...
Myopie de nos sens !.. Syllogismes mort-nés !...
Logiques mortes, ô Mer !... Je ne crois pas
Que tu roules tristement sur le dos de la terre,
comme une vipère sur le dos d'un caillou !...
Les Savants le déclarent, l'ayant mesurée tout entière !. .
Ils ont sondé tes houles ! Qu'importe ?...
Car ils ne sauraient comprendre ton verbe de délire.

Tu es infinie et divine, ô Mer, et je le sais
de par le jurement de tes lèvres écumantes,
de par ton jurement que répercutent, de plage en plage,
les Echos attentifs ainsi que des guetteurs,
de par ton jurement que scandent les tonnerres !...
Infinie et divine, tu voyages, ô Mer,

comme un grand fleuve en son heureuse plénitude.
Oh ! qui pourra chanter le digne épithalame
de mon âme qui nage en ton giron immense ?...
Et les nuages éblouis te font des signes,
quand tu plonges sans effort, en droite ligne,
dans l'insondable profondeur des horizons !...

Comme un fleuve dont les eaux miroitent gorgées de flammes,
oui, tu plonges en droite ligne !.. et les Savants ont tort,
car je t'ai vue, par des midis d'apothéose,
fulgurer au loin, telle une épée d'argent,
pointée contre l'Azur exaspérant de perfidie !...
... Car je t'ai vue rougeoyante et cruelle,
implacablement brandie,
contre le flanc charnel d'un soir d'Avril agonisant
parmi les chevelures démoniaques de la Nuit !..
O Mer, ô formidable épée à pourfendre les Astres !...
O formidable épée,
chue des mains brisées d'un Jéhova mourant !..

Et les Couchants alors, qui se métamorphosent,
ne sont que les blessures sanguinolentes que tu creuses,
à travers les temps, pour te venger, pour te venger !...
Qu'en disent les Savants ?...
Qu'en dites-vous, vieux grimoires, éternels alambics,
balances argentines, télescopes brandis ?
Et d'ailleurs, quoi qu'ils disent, ils ont tort, les Savants.

Ils ont tort de nier ton essence divine,
car le Rêve seul existe et la Science n'est plus
que la brève défaillance d'un Rêve !.

Tu plonges dans l'Infini, comme un fleuve sans bornes
et les Etoiles flexueuses de saphir
s'accoudent nonchalamment sur tes bords,
en leurs robes palpitantes de métaux
aux cassures adamantines !..
Et cependant des Astres impérieux
casqués de feu, agiles en leurs gaines d'émeraude,
se dressent sur tes berges, étendant sur les flots
leurs grands bras de lumière, ô Mer, pour te bénir,
toi qui circules dans les prairies bleues du ciel,
pour y répandre ton désir éternel
et ta démente volupté,
ô Veines radieuses de l'Espace !...
O Sang pur de l'Infini !...

Les savants sont venus sur tes promontoires,
gambader suspendus, ainsi que des fantoches,
aux fils enchevêtrés des pluies automnales,
pour t'explorer, ô Mer !...

Ils te traitent d'esclave lamentable
sans cesse culbutée, flagellée sur le sable,
par les Vents, tes bourreaux !...

Ceux-là méprisent tes sanglots
et la tristesse submergeante de tes yeux !...
Ils ont dit que tu entoures les courbes de la terre
ainsi que les humeurs perverses de nos corps,
— hydropisie d'un monde décrépit !
D'autres qui t'ont vue verdir de fiel, de sanie
et de bave et roussir aux crépuscules,
ont déclaré que tu recules, incessamment,
loin des plages et que tu meurs tristement desséchée
Tu n'es pour eux qu'une couleuvre de vieil or,
tordue sur le missel racorni de la terre !
Qu'importe ?... les marteaux et les vrilles de ta voix
sauront vite émietter la parole éphémère !...

Moi qui t'aime, de tout mon désespoir cloué sur le rivage,
moi qui crois en ta puissance divine,
je chanterai ta marche triomphale dans l'espace,
que tu traverses de part en part, en déployant
tes eaux étincelantes et solennelles,
peignées par la rafale au sein de l'Infini !..
Gonfle mon âme, ô Mer, comme une voile d'or.
O sang de l'infini, gonfle et submerge enfin
en ce soir de vertige la plage de mon cœur,
de tes marées gonflées de pourpre et de rayons !

D'innombrables Etoiles nostalgiques
sont descendues, ô Mer,

en ton courant majestueux de fleuve,
à la nage fouillant l'horizon vaste,
guettant au loin, toutes attentives,
le clair estuaire d'or aux fraîcheurs éternelles,
pour apaiser leur cœur aux nœuds de flammes
et la brûlure de leurs bras illuminants!...

O Mer, hâte-toi! hâte-toi!... car des taureaux géants
de vapeur, aux croupes monumentales,
descendent — les vois-tu?... indolemment, vers tes berges,
en traînant les énormes chariots des Constellations.
Ils viennent s'abreuver à tes eaux miroitantes,
en balançant leurs têtes informes,
sous leurs cornes de fumée divergentes,
et leurs naseaux ruissellent de mondes braisillants!...

Ciel! Ciel!.. quel prodige?... Échos sonores,
répercutez le cri de la stupeur et de la joie!...
Le beau miracle, ô Mer, s'est-il donc opéré?...
Oui! Oui!.. Enfin, je te sens dans mes veines,
ô turbulente Mer, ô Mer aventureuse!..
Tu es en moi, comme je te désire!...
Galope donc avec ivresse dans mon cœur élargi,
avec la meute acharnée de tes tempêtes aboyantes,
donnant du cor, à pleins poumons, vers les étoiles,
sous ton panache romantique de nues échevelées.

II

MON AME EST PUÉRILE

MON AME EST PUÉRILE

pour Son Altesse Sérénissime
Madame la Princesse de Monaco.

O Mer, mon âme est puérile et demande un jouet !
Donne-lui tes barques lourdes et pansues
qui processionnent, tels des prêtres chamarrés,
portant très haut leur mât, comme une hampe
où palpite un étendard carré de pourpre
tout gonflé d'or solaire !...
pour amuser mon âme, ô Mer, pour l'amuser !...

Mille fois, de toute la faim de mon grand rêve
je vous ai savourées, lentes voiles mi-carguées,
couleur de tan, de rouille et d'ocre,
voiles plus succulentes que des grappes fabuleuses
pendues à la mâture comme sur l'échalas
étincelant d'une terre promise !...

A moi vos graines mauves et transparentes,

je vous invoque pour les lèvres inassouvies
et pour les yeux voraces de mon âme !...

Oh ! quelle fête, ô Mer, quelle fête radieuse
que de t'avoir tout entière en mon cœur,
avec, aux soirs d'été, ta peau lisse de serpent
squamée de chrysolythe, ton ventre niellé
et rose de lézard ! O la joie de ma chair !...
La fraîcheur de tes embruns sauvages
et ces grenailles de glace que tu mets sur mes cils,
je veux en abreuver mon âme avec délices !...
O l'orgie triomphale de mes sens !...
J'empoigne la crinière giflante de tes vagues,
pour chevaucher à crû sur leur croupe véhémente,
humant à pleins poumons
la senteur acide et miellée de toisons
où fermentent de blondes pourritures, au soleil !...

Je plonge les mains jointes, fonçant à tour de bras,
dans la mollesse transparente de ton sein
qui ondoie, pour chercher le plus frais
de ton sang en tes vertes entrailles profondes.

Me revoici... Ah ! Ah !... me revoici,
me trémoussant d'un coup de reins agile,
hors de l'écume bouillonnante !...

Holà!... je n'ai que faire de vos grappins, ô matelots,
vos bouées sombreraient sous le poids de mon corps.
Dans le pavoisement de l'horizon occidental,
sans effort je me hisse, arc-boutant mes bras,
qui glissent et se raidissent, de pierre en pierre,
de croc en croc, et par saccades, je me dresse
tout ruisselant et nu, sur l'arête du môle !...

En trois bonds, j'escalade l'entassement de coke
que la magie du Soir diamantise a miracle !...
Debout, je cabre en un délire ma taille de héros,
parmi les grands voiliers qui tanguent au ressac,
et leurs voiles en loques sanguinolentes de pourpre,
que les grues au long col fantastique d'airain,
déchirent d'un grand coup de bec virevoltant !...

C'est ainsi, c'est ainsi, tout ruisselant et nu,
avec la plénitude résonnante
de mes poumons d'airain, ô Mer,
c'est ainsi que je chante la sublime allégresse
de tes ripailles monstrueuses de flammes et d'Etoiles.

Encombre ma poitrine, ô Mer, du fracas de tes ports
qui tonnent ainsi que des enclumes d'enfer,
sous la bousculade des marteaux lourds,
jouant tour à tour la foudre et le tonnerre !...

Je t'invite, à grands cris, ô Mer tentaculaire,
ô Mer maudite, à broyer sur ton cœur
mon corps tendu comme un grand arc,
à décocher la haine sur d'invisibles cibles...

Voici, ô Mer, les baisers noirs d'un condamné à mort,
et les baisers gloutons d'une maîtresse en agonie !
Voici les mains griffues d'un affamé ivre de haine !
Voici, j'étreins mon cœur, à poignées pleines,
et je l'épuise pour assouvir ta faim,
pour étancher ta soif en t'abreuvant de moi !

Je vois parmi tes eaux versicolores,
en un grand jeu éblouissant de feux et de miroirs,
tout mon passé qui sombre lentement !...
Mon grand cœur affamé qui aboyait jadis,
comme un dogue à la lune, en vomissant
ses grands blocs de voix rogue aux ténèbres !...
Mon grand cœur affamé de pulpe sidérale
ballonne au gré de l'onde, ainsi qu'une charogne
gonflée, les pattes au ciel,
bruyamment escortée de grosses mouches vertes !...
Je vois, parmi ton élastique transparence,
pâlir et se roser avec délicatesse
les joues trempées d'amour de lointaines maîtresses.

Tes vaguettes sourient en trottinant sur les galets...

C'est bien ainsi, à pas timides, que je suivais
le rêve éclos de deux prunelles virginales
et le repos du ciel parmi des lèvres en amour !...
C'est bien ainsi que je marchais, à pas timides,
dans le froufrou soyeux des robes féminines,
vers la pénombre ardente et persuasive !...

Horreur !... des algues pestilentes matelassent la plage
où gisent les déchets des vaisseaux, les épaves
et les tronçons pourris des grands naufrages !...

O mon Rêve, mon Rêve en pleurs, entends-tu les vapeurs,
qui vont traînant au loin des beuglements pareils
à des grands gestes harassés
vers l'au-delà des horizons ?...
Ne veux-tu pas les suivre,
ô mon Rêve ivre-mort d'Infini ?...

Plus haut, encor plus haut, entends-tu
les appels lamentables de la Nuit en délire,
et la chute de ses larmes lentes
d'argent qui tintent dans les cloches ?...
Ne veux-tu pas leur obéir ?...

O Mer, vaste sépulcre éblouissant,
je tends vers toi mes bras tordus par le désir.
O Mer qui te métamorphoses sous mes yeux

en cuve gigantesque où fermente et bouillonne
une énorme vendange aux vieux moûts effrénés,
je me dresse ivre et chancelant,
tout ruisselant et nu sur l'arête du môle,
parmi tes obsédantes fumées d'orgueil et de néant !...
Je me dresse exalté, dans le pavoisement
de ce grand Soir divin,
qui va menant avec splendeur mes funérailles !...

O la poignante ivresse de bondir dans ton sein,
les mains unies comme en prière, ô Mer !...
Je plongerai cent fois dans la fraîcheur polie
de tes remous charnels, lacés de chevelures féminines.

Je vois venir vers moi un peuple de vaguettes
aux bras fleuris, aux grands yeux fous,
qui me sourient et s'ébaudissent à l'envie,
en me tendant leurs joues !...
Je vois courir vers moi un peuple de vaguettes,
riant de joie, sous ton baiser, Soleil folâtre,
sous ton baiser tôt disparu, riant aux larmes,
pleurant déjà, cachant leurs yeux, sous leurs bras nus,
quand tu t'effaces avec adresse entre les nues !

Je bondirai de vague en vague, en m'évadant
par delà les tronçons des amarres brisées
et bien loin du regard hallucinant des phares,

glissant entre leurs bras ruisselants de lumière
qu'ils prolongent sans fin, ô Mer, à la nuit pleine,
sur ton ivresse exubérante d'écolière en liesse!...

Holà ! c'est toujours toi, ô vieux Soleil à demi-nu,
qui passe en un treillis d'éclairs sur l'horizon ?
T'es-tu donc déguisé en un grand roi barbare,
car te voilà tournant au loin, ta face d'incendie,
sous une tiare d'ébene colossale,
en balançant ta barbe aux broussailles de cuivre ?..

. . . . . .

Car te voilà, ô vieux Soleil, superbement campé
sur un onagre bleu, toi qui l'enfonces
à l'horizon au grand galop,
éclaboussant l'azur de feu et d'ombre !..

. . . . .

Je saurai bien t'atteindre, nageant, à tour de bras
de vague en vague, en deux mille brassées,
O vieux Soleil désenchanté qui fuis la terre hideuse !..

Voilà, de ci de la, partout, au long des plages,
l'appareillage des lumières fébriles
qui vireront bientôt sur l'infini ..
Et c'est partout, la hâte des pirates,
entassant au bout d'un promontoire,
sur un voilier spectral,
de grands ballots précieux de nuages écarlates !..

Ce sont là les trésors, ce sont la les bannieres
surannées de mon Ame !... Où les emportez-vous ?..

La Mer vient d'absorber le sang vermeil du Soir
tout pailleté d'argent, et voici,
lentement, le ciel gris s'arrondit en voussoirs
de crypte funéraire, où des Etoiles léthargiques
pendent encore d'une griffe,
comme d'étranges chauves-souris
aux ailes baleinées d'or !...
Sinistrement rangées sur les quais assombris
en des buées de cauchemar,
les Grues colossales se métamorphosent
en fantastiques kangouroos d'airain,
tournant sur place, avec, aux poches marsupiales
de leur ventre, des ombres minuscules
confusément qui gesticulent
au crépuscule, dans la fumée de leur haleine !...

La Mer au loin, tout enrichie des clartés chues du ciel,
se mue avec délicatesse
en un magique Sahara aux ondulants sables d'or,
qui se déploient à l'infini, plissés d'ombres violettes,
squamés et niellés par un vent ingénieux
dont la caresse a — par bouffées — de lentes mignardise

Et les Grues colossales... les Kangouroos d'airain,

alignés sur les quais, guettent des proies au large,
le col tendu, sinistrement !...
Et voici qu'un steamer s'avance en droite ligne
contre l'arête des quais noirs...
et je le vois grandir en boule énorme
sous ses grands mâts brandis comme des lances !...
Il s'approche à grands pas géants et lourds,
sur ses pattes immenses qui se meuvent sous l'eau,
ainsi qu'un dromadaire fantastique,
traversant à mi-corps
le gué tranquille et rose d'un Nil paradisiaque
qui mollement arrose une prairie du ciel...

... C'est bien là un mirage de cette mer changeante
aux chimériques sables d'or !..

Voici qu'à la faveur du crépuscule,
l'étrange dromadaire s'immensifie
enténébrant les quais de son ombre élargie.
A droite, à gauche de sa bosse effarante,
oscillent lentement les pesantes sacoches
d'un bissac noir, démesurées...
où j'entrevois pêle-mêle
des oreilles de cuivre
aiguisées par l'attente, aux aguets et raidies
vers l'horizon occidental...
et de longs dos fleuris de brebis impossibles

parmi des cafetans noirâtres...
et des échafaudages de cages suspendues
et des très longs fusils damasquinés de bédouins
aussi hauts que des mâts dans la buée du soir !..

Soudain la lune blanche et juteuse de lumière,
éclatant en plein ciel
ainsi qu'une fabuleuse noix de coco,
oscille et roule sur le dos mouvant du dromadaire.

Hurrah ! Hurrah !... voilà le fruit assouvissant
que des toujours mon Ame invoque
pour sa brûlante soif de voyageur Saharien . ..

Je suis seul et debout, tout ruisselant et nu
sur un entassement de coke,
et près de moi, en des buées de cauchemar,
les Grues lentes ramonent,
de leur grand col de bronze fatidique,
les profondeurs de l'horizon transies de peur.
Et leur goitre raclé et claquetant de chaînes
déchaîne, d'heure en heure, la frayeur blanche
de ses longs hurlements gutturaux de vapeur !...
Et mon cœur se déclanche comme un ressort...

Tous mes sens aiguisés s'exaltent aux senteurs
crispantes du goudron et se prélassent tour à tour,

dans la fragrance mélangée
— réglisse noire et miel doré —
des fruits pourris ou rances !...
Voici que l'odeur fauve et crépitante du sandal,
des peaux tassées et des toisons et des cuirs noirs,
relance vers la haine et la démence
mon cœur ivre à mourir, qui bondit aussitôt
dans la ronde effrénée comme un nègre emplumé
pleurant sa rouge ivresse transpercée de rires blancs..

Plus haut, encor plus haut que les larmes bleuâtres
et les sanglots dont les cloches en deuil
vont imprégnant la dureté du paysage !...
Plus haut, encor plus haut que les cris déchirants
des steamers mettant cap sur des plages lointaines...
Plus haut, encor plus haut que les saccades
exaspérées de la vapeur et sa toux monotone !...
avec la plénitude résonnante
de mes poumons d'airain,
je chante ta puissance et je t'adore, ô Mer gloutonne !...

Puisque tout l'infini t'appartient désormais
comme une proie de guerre, ô Mer pillarde,
viens donc à moi, et pour rassasier
ma faim de pulpes sidérales,
verse enfin, sur la plage concave de mon cœur,
la pourpre triomphale des couchants,

les constellations ambitieuses
éparpillant leurs gemmes en étoiles filantes
dont s'enrubanne le Zénith,
et les nuages aux traînes paresseuses d'or,
l'inconsolable nostalgie des Astres pèlerins
et leur sang lumineux sur les calvaires du ciel,
leurs pleurs divins et leurs désirs inassouvis,
et leurs rosaires cliquetants de rayons.
Verse enfin, ô Mer pillarde,
tout le grand désespoir de mon beau Ciel damné
qui vient de naufrager à jamais dans tes eaux !...

. . . . .
. . . .
. . . .

Ha ! Ha !... j'ai trop chanté !... Je suis exténué !...
... A boire !... approchez donc ! à boire !... Approchez donc,
ô flottantes guinguettes, au tendelet couleur vinasse !...
Approchez donc, canots pansus qui allez, çà et là,
donnant à boire et à manger aux matelots
par-dessus bord, dans l'entre-choc des avirons des voix,
au brouhaha des flots... dans l'ombre énorme
des voiliers, qui vous font doucement osciller
le grand ciel clouté d'or sur vos têtes !...

Vos brocs de grès et vos pintes en formes d'oies,
vos barillets rougeâtres, je veux bien les vider !...

en dix lampées... A boire ! encor a boire !...
en mangeant goulûment sur une assiette de couleur
vos pitances salées par les embruns du large,
avec les œufs multicolores de la Pâque !...
Une... deux.. trois lampées de vin épais... à boire ! a boire !
... avant que de reprendre le souffle de mon chant !..

III

LES BABELS DU RÊVE

LES BABELS DU RÊVE

pour E. A. Butti.

Les Couchants aux griffes d'or,
sous leurs crinières embrasées !..
Les Couchants accroupis au seuil de l'horizon,
leurs pattes fauves allongées, ainsi que des lions,
ont déchiré longtemps ma chair adolescente !...

C'est toi, ô Mer crépusculaire, qui m'a donné
l'âpre nausée de vivre et l'infinie tristesse !...
C'est de t'avoir trop contemplée dans ma jeunesse
que je chancelle en ton haleine, ivre de désespoir !...

Des soirs, là-bas, en l'Afrique sorcière,
on nous menait sur tes plages moroses,
nous tous, mornes troupeaux de collégiens, qui traînent
moutonniers, sous la garde sévère des prêtres noirs.
O silhouettes d'encre qui tachaient les soieries

immatérielles d'un beau ciel oriental !...

Et tu venais indolemment vers nous, ô Mer sensuelle,
fraîche et verte, à demi-nue sous tes ruches d'écume,
pour sécher tes pieds de neige sur le sable...
En piétinant de rage, comme une enfant sauvage,
tu boudais le beau Soir paresseux qui s'attarde,
le beau Soir, ton amant, qui te farde les joues !...
Et tu lançais très haut jusqu'au zénith,
du revers et du creux et du plat de tes vagues
nos étoiles et nos rêves,
molles verroteries qui nous viennent d'Orient !...

Mon cœur s'est enivré du bruissement des perles,
que ta main lasse égrène au creux des roches !...
Mon cœur a sangloté entre tes doigts brûlants
comme une lyre satanique, dont les cordes tendues,
épuisées de caresses, s'esclaffent tout à coup
de rires déchirants !...
Mon cœur ?... je l'ai roulé en tes tresses nocturnes...
Mon cœur ?... je l'ai traîné tout pantelant
sur tes vagues d'écume, dentelées
comme des cruelles scies d'argent !...

Oh ! que tu sois honnie, mille fois honnie
de par les lois astrales,
o Mer, toi qui peuplas ma jeunesse pensive

de bouches levantines aux chansons spasmodiques,
et de l'obscène torsion des vagues sexuées !...
O toi, ballerine orientale au ventre sursautant,
dont les seins sont rougis par le sang des naufrages !..

Nous marchions traînant la patte, ô Mer,
l'oreille ensanglantée, comme des chiens blessés à mort,
qui étanchent leur soif dans les flaques pourries...
... déjà fleuries d'étoiles illusoires !...
Nous rêvions échoués, ainsi que des mendiants,
devant le porche éblouissant de la nuit vénérable,
où tes doigts frénétiques de flux et de reflux
ont noté les faits-divers de tes naufrages !...
Et j'avais dans mon cœur le fastueux mirage
d'un palais noir aux cent tourelles d'or
brandies contre l'azur, où clore enfin,
et garder intangible l'Épouse des Épouses,
conquise au prix de tout le firmament
constellé de mes rêves !...
Et mes yeux exploraient au fond du crépuscule haineux,
parmi les fourches verdâtres des nuages,
la profondeur bleue des grottes fabuleuses...

Plus tard, à mon retour, sous le toit paternel,
préludait une douce veillée familiale,
sous la lampe qui dresse au ciel son col de flamme,
arrondissant ses ailes de clarté sur la table,

pour couver les désirs exaltés de mon âme
dans le trémoussement de ses rayons soyeux...
— comme une poule aux grands œufs d'or magiques, —
... tandis qu'en un coin d'ombre,
ma rugueuse nourrice soudanaise
chantonnait tristement,
de sa voix grêle et noire,
et marquait la cadence en frappant dans ses mains
qui sont pareilles à des cliquets de bois..
Et dans l'étouffement du soir gorgé de feu,
la voix de ma nourrice imageait le silence
de légendes crépues comme des têtes nègres,
lézardées de rires blancs
et couronnées de plumes écarlates !..

Et par instant je m'accoudais à la fenêtre
pour t'écouter ô Mer, marmonner des prières
à de vagues passants, comme une fille au carrefour.

— O Mer, qui donc viendra ce soir partager ton alcôve
orageuse... et caresser les loves menaçants
de ton corps de boa... et mordre jusqu'au sang,
en un râle de mort, tes seins cloutés de feu
qui se déclanchent contre Dieu, dans les tempêtes ?...

Tout à coup, surgissant d'un bond entre les roches,
écumante et sauvage, ô Mer.

comme une folle en des sursauts de rage,
tu agitais tes bras d'ivoire cliquetants d'amulettes,
tout en claquant des dents, galets sonores....

. . . . .

... cependant que la Nuit lentement conquérait la plage
comme une pieuvre colossale aux ventouses d'or.

IV

LES FUMERIES DE L'AME

LES FUMERIES DE L'AME

pour Jean Lorrain.

La Nuit m'enveloppa dans son ombre drapée
comme un manteau, tout en prenant mes doigts
entre ses doigts de pâte. .
A pas lents, je suivais la vieille entremetteuse,
vers les bas-fonds sinistres de mon âme,
à travers les rues chaudes de mes veines,
comme par les artères des villes millénaires.

— « Non, non !... je ne veux pas entrer en votre enfer,
lâchez-moi, lâchez-moi !. . je m'arrête...

Et voilà que debout, aux coins noirs des ruelles,
mes Péchés favoris ricanèrent, en chancelant,
ainsi que des ivrognes.
Ils s'esclaffaient de rire, mes vieux Péchés hideux,
en ondoyant leur taille lisse et torse de fumée,
avec leur maigre face jaunâtre et losangée

aux longs yeux de réglisse !...
Ils s'esclaffaient, leurs bouches éclatées comme des fours
tour à tour, et pincées en forme de nombril !...
Je m'en souviens... c'était au carrefour
de ma défunte volonté.

Derriere des vitres rouges, des voix rauques criaient :
— « De la moelle et du sang pour des lampées d'oubli !...
C'est le prix des beaux rêves !. . C'est le prix !... »
Et j'entrais avec eux au bouge de ma chair.

Guinguette arabe ?... Taverne hindoue ?... Que sais-je ?
Chauffées de ruts et sursautantes de remords !...

Des femmes encor des femmes.. plus nues et plus obscènes
par la rousseur liquéfiée de leurs cheveux,
et l'entrebâillement visqueux de leurs paupières !...
Des femmes aux seins durs et violents qui bondissent !...
Non, non, elles n'avaient pas
un corps de femme, elles n'avaient point de corps !
De ci de la, dans la buée rougeâtre, vivaient
et s'agitaient des mains chaudes et gluantes ;
et des bouches...des bouches qui rampaient vers ma bouche !...
Je me vautrais sur des divans écarlates,
pareils à des géants croulés bas des coursiers,
gisant tout éventrés, vermeils
en un midi flamboyant de bataille !...

Je m'y couchais du long, me cramponnant,
les doigts crispés en crocs et fouillant leurs entrailles,
et j'y guettais une âme douloureuse et farouche !...
Et j'attendais le spasme des divans moribonds,
la bouche sur la bouche, pour boire avec ivresse
le cri rouge hallucinant de leurs velours
ensanglanté !...
Ensanglanté ?.. Mon sang ! .. ma chair et sa tristesse !...
... et j'étais seul a consumer mon corps,
à dévorer mon âme,
haletant sur les seins irrités de la Mort !...
Seul, à jamais seul, avec mes lèvres solitaires !...

Plus tard, je tremblotais longtemps, debout
devant l'idole, au corps d'ébène,
aux yeux d'agate, de mon Futur !...
Idole, enfumée par des lampes rousses
dont la valve est plus mince qu'une bouche d enfant,
lampe tôt morte et tôt vivante !...

O lugubre coït d'un désir surhumain,
en proie au ténébreux délire de mes mains,
devant l'Idole qui s'effrite, enfumée !...
O lentes flâneries de mes mains faconées,
qui rampent vers la Pipe assoupissante,
ô Donneuse d'extase, ô Verseuse d'oubli !...

O lentes fumeries !...
La pipe, dans ma main, ressemblait
à quelque étrange petit sexe racorni !...
Tout à coup ma main creuse me parut s'agrandir
s'approfondir bien loin de moi, sous moi,
comme un crypte immense couleur d'entrailles.

Et bien loin, tout au fond, sous la voûte sanglante,
une porte éclata, dégorgeant dans mon rêve
des tourbes de mendiantes cassées,
avec un lourd fracas traînassant de béquilles.
Mais ce n'étaient que les compas entrechoqués
de leurs jambes métalliques sous les haillons pourris.

« Logiques », savez-vous ?... Elles s'appellent « Logiques »
ces gueuses décharnées qui, sans répit, a perdre haleine,
se prirent aussitôt à me parler affaires,
de toute la vitesse de leurs langues de vipère,
en discutant de longs contrats de joie !...
Leurs langues frétillaient dans leur bouche édentée,
ainsi que des couleuvres !... O le mortel effroi
de les sentir vrillantes dans ma trompe d'Eustache.

Gesticulant, mi-nues, sous leurs loques immondes,
les Logiques m'offrirent de grands stocks
de bonheur démodé,
des barils de plaisirs frelatés, bons, tout au plus,

pour égayer le sort d'un gueux,
demandant en échange des sommes de remords !..

— « Car le remords, vois-tu, est l'amorce des joies profondes.
Avec tant de luxure, et tant d'alcool,
Tu auras ?... attends donc ! . Il faut additionner.

Mais moi, d'un bond, j'en pris une à la gorge,
en lui criant d'angoisse au nez.
— « Que me donnerez-vous ?. . dites !... sacré Dieu !...
... Allons !... sans marchander !. argent comptant ! et vite ! »

Aussitôt les Logiques se turent soucieuses ;
puis l'une, d'une voix sourde, dit : « Fume !...
fume la pipe exténuante de ton rêve !... »
et l'autre · — « Bois donc tout ton soûl,
jusqu'aux nausées, jusqu'au dégout !.. »
Et d'autres marmonnèrent : — « Il faudra que tu traines
à jamais ton corps lâche et pesant comme une chaîne
attachée à la boule évidée de ton crâne !... »
— « Il faudra que tes veines soient puantes
comme un ruisseau d'égout !...
Il faudra que ton cœur tinte son glas d'effroi,
comme un trousseau de clefs aux mains d'un geôlier,
par un matin d'exécution,
aiguisé par un tiède soleil printanier !... »

. . . .

— « Alors, seulement alors .. », chantèrent les Logiques
à mi-voix, de concert, levant les bras au ciel.
— « Alors, seulement alors, le Bonheur entrera
dans ton cœur, un Bonheur souple et rose
et léger, dont le pas
sait effleurer le sol, en glissant sur la brise,
un enfant, aux yeux purs de pervenches humides
et dont les lèvres ensanglantées de joies surnaturelles,
grisent éperdument les Anges,
comme les fruits pendus aux espaliers de Dieu !...
L'Enfant-Bonheur entrera, sans raison,
dans ton cœur !... tout simplement,
parce qu'elle est noire, la maison de ton cœur !...

En gambadant, il te fera sourire,
rire et t'esclaffer, tout en riant lui-même
à grands éclats, de tous les trente-deux
lointains Soleils qui lui servent de dents !...
— avec des niaiseries, tout simplement,
des bouts-rimés et des enfantillages !...

— « Fume donc ta pipe, fume jusqu'aux nausées,
pour que le chant de la sirène, pour que le cri
exaspéré de ton désir s'achève enfin,
dans le brouillard du rêve ! .. »

Alors, la mâle rage me secoua

des talons aux cheveux... et bondissant,
les poings brandis sur les froides Logiques :
— « Dites-moi le Pourquoi de ces louches commerces ?...

Catégoriquement les Logiques,
avec des gestes brefs et nets, sans hésiter,
se coupèrent la gorge en guise d'arguments !...

Je m'éveillais, plus tard, où donc ?...
Guinguette arabe ?... taverne hindoue ?... (que sais-je ?)
chauffées de ruts ardents et sursautantes de remords...
plutôt taverne hindoue dont le plafond très bas,
en forme d'éteignoir, descendait, d'heure en heure,
en écrasant les lampes fumeuses de mon Ame !...

Dans l'espoir de trouver ma vieille entremetteuse,
la Nuit, aveugle et sourde, aux doigts visqueux
de levain infernal, .. je vins briser
d'un coup, les carreaux aux fenêtres...

La Vieille avait filé, enjambant l'horizon.
Et je sentis et je compris que des Etoiles
pleuvaient sans fin, chues de quels ciels défunts ?...
dans les puits insondables de mes os !...

— « De la moelle et du sang, pour des lampées d'oubli !....
... C'est le prix des beaux rêves !.. C'est le prix !.. »

V

NOCTURNE

(*à trois voix*)

NOCTURNE

pour Madame Ernesta Stern
(Maria Star)

Parmi l'épuisement de cette nuit charnelle,
c'est pour nous que le Vent las de voyages éternels,
désabusé de sa vitesse de fantôme,
froissait d'une main lasse, au tréfonds de l'espace,
les velours somptueux d'un grand oreiller d'ombre
tout diamanté de larmes sidérales !..

C'est pour nous que le Vent défaillait en langueur
sur les seins chauds et respirants de la mer printanière,
comme un amant, huilé d'aromes, le front ceint de pavots,
parmi l'épuisement de cette nuit charnelle !..

Nous marchions côte à côte en cadençant nos cœurs,
sur les sanglots et les soupirs des vagues désirantes.
Elle avait la grâce frêle et ployante des fleurs,
ondoyant dans sa marche légère et persuasive,
parmi ses voiles bleus qui lui donnaient des ailes,

si bien que l'épouvante me tenaillait la gorge,
lorsque mon bras ceignait sa taille aérienne,
qui voulait prendre son essor, à chaque pas,
d'un envol souple et languissant de tourterelle,
vers les nuages aux plages d'or !...

Elle avait dans les yeux le silence humide et attentif
des rades violettes et solitaires,
que les voiliers rompus, chassés par la tempête,
découvrent à miracle, par des soirs de bonace,
derrière un promontoire sur des côtes maudites !...

Je me souviens de la pâleur de son visage,
hâletant sous le poids d'une glorieuse chevelure
au chignon d'or massif, qui retombait en arrière
ainsi qu'une couronne royale méprisée !...
Je me souviens de ses baisers imprégnés d'Idéal,
qui déferlaient avec lenteur à ses lèvres mi-closes,
et de sa voix aux longs froufrous soyeux
de roses piétinées :

La voix de la femme.

O mon amant, vois-tu là-bas les Etoiles sveltes d'or
qui glissent d'un pas flou sur la plage,
agiles, deux à deux, en accolade lumineuse ?...
Elles sont à demi nues et par instant leur corps de perle

se fusèle comme un coquillage... et par instant
leur chair rose, émergeant hors des nacres moelleuses,
ruisselle de rubis sanglants !...

Ma voix.

Mon cœur tremble à les voir si douces et si fragiles,
et leurs tendres visages clarifiés par l'extase,
perdus en les remous des chevelures de turquoises !...
Mon cœur tremble à les voir nager à l'aventure,
avec le nonchaloir de leurs bras de rayons !...
Ne sais-tu pas, ma bien-aimée, que je saurais descendre
dans les abîmes insondables des mers,
aux labyrinthes de la mort, pour embrasser
sur ses lèvres meurtries, telle Etoile noyée ?...

O mourantes Etoiles de mes nuits enfantines,
voici, que je sanglote à vous sentir agoniser,
comme de pâles naufragées,
dans les eaux scélérates de mon cœur !...
Hélas ! je ne pourrai jamais les secourir,
car toutes mes Etoiles sont bien loin de nos lèvres !...

La voix de la femme.

Ne pleure plus, ô mon amant, car mon cœur se déchire ;
Ta bouche a désappris la griserie de mon baiser.

Pourquoi veux-tu ainsi consumer ton désir
sur les prunelles chimériques des Etoiles ?...
Ferme les yeux pour que j'embrasse tes paupières !..
Ferme les yeux pour que je puisse les abreuver
de ma tiède salive, avec délices !...

Ma voix.

Hélas ! ma bien-aimée, tu es pour moi
plus triste et plus lointaine entre mes bras,
qu'une intangible Etoile naufragée ! ..

La voix de la femme.

Ne parle plus ainsi : je ne saurais comprendre...
Je suis toute inondée d'amour, toute pleine de toi !...
Voici, méchant, ta bouche tendre m'enchaîne toute entière.
Laisse-moi dégrafer mon voile et tu pourras bien mieux
caresser à ta guise, à loisir, ma chair qui t'appartient.
Je n'attends rien de Dieu ni des Etoiles,
puisque tu m'aimes ! .. Je te sens. je t'embrasse
et mes lèvres s'endorment en rêvant sur tes lèvres !...
Et je garde à jamais tes baisers dans mes veines ! ..

Ma voix.

Oh ! que tes lèvres douces sont encor loin de moi !...
Je vois ta bouche s'entr'ouvrir comme un nuage ardent

sur la nacre souriante de la lune,
et tu me sembles indolemment penchée,
à la poupe fuyante d'une galère chimérique.
Hélas !... tu te contentes d'effeuiller tes baisers
du bout des doigts et de très loin,
d'un geste pâle, évanescent comme un éclair !...

La voix de la Mer.

Vos caresses brûlantes, vos savantes caresses,
sont pareilles à des tâtonnements d'aveugles
qui vont ramant par les couloirs d'un labyrinthe !...
Vos baisers ont toujours l'acharnement infatigable
d'un dialogue enragé entre deux sourds
emprisonnés au fond d'un cachot noir !...
Malgré tant de caresses et d'amour pénétrant,
vous serez à jamais perdus, ensevelis
aux Thébaïdes embrasées de vos chairs !...
Holà ! toi qui t'acharnes en des baisers inassouvis,
sur le corps de la femme qui râle entre tes bras,
pourquoi contemples-tu avec tant de tristesse
la bouche inaccessible des Etoiles lointaines ?...

Ma voix.

O Mer, ô Mer sournoise qui vagabondes au large
sous tes haillons de brume, ô sorcière maudite,

ne sais-tu pas la joie d'arracher lentement
un spasme déchirant à cette chair mourante,
et d'entasser, à force de caresses et de baisers
tumultueux, les miels brûlants de la luxure
dans ses veines béantes ?... J'attends le grand sursaut
de ce corps délié qui se dissout avec délices.
Je veux la suprême communion
de nos deux agonies, pour que son corps
me remercie enfin, avec ivresse,
de la lenteur de mes poignards !...
...pour qu'enfin les lèvres innombrables
de toutes ses blessures embrassent avec ferveur
ces glaives dont elles pleurent et meurent
heureuses et transpercées !...

Si je m'éloigne d'Elle... aussitôt
ses seins fascinent mon regard ainsi que les rivages
de nacre vaporeuse tout ennoblis d'aurore,
que j'ai vus bien des fois, surgir des flots lointains
sur l'arc de l'horizon, à l'avant du navire...
O fascinants rivages enflammés d'Idéal,
calmes oreillers de sable,
que mes grands rêves migrateurs
ont surpassés à tire-d'aile !...
Et ce front pur luit parfois dans la pénombre,
comme la vitre illuminée d'une villa,
pleine, on dirait, de bonheur moite sous la lampe...

O la douceur de vivre en la chaleur intime
de son âme, sous ce front transparent !...

La voix de la Mer.

Malgré bien des voyages, au grand galop,
lancé dans l'inconnu, tu ne pourras revoir
la vitre claire, illuminée de bonheur calme au soir !...
Ce beau front que ta bouche effleure avec tendresse,
ce beau front idéal est bien loin de ton âme !...
Vos baisers ne seront à jamais qu'illusoires,
car tout un Ciel infini vous sépare !...

Ma voix

Je le sens, je le sens, des abîmes profonds
s'immensifient entre nos cœurs inassouvis !..
O Mer, je sais que tes flots bleus
aux bras tendus, tout ruisselants de pierreries,
sourient là-bas très loin de moi, à l'autre pôle,
avec, au fond des yeux, des joies bien plus hallucinantes.
Je sais que tu déferles avec plus de langueur
et de parfums épars, en égrenant tes perles roses
sur des plages heureuses qu'un grand Soir divin
arrose de bonheur et d'azur immuable !...
Je sais aussi que des amants
s'y couchent avec angoisse, comme nous,

sur les sables, parmi l'ardente éclosion des astres,
éperdument inconsolables de se sentir
si loin, la bouche de la bouche,
malgré la fusion de leurs baisers intarissables !
Je sens que nos caresses, nos savantes caresses
sont pareilles à des tâtonnements d'aveugles
qui vont ramant par les couloirs d'un labyrinthe !.,.
Je sens que nos baisers ont la fougue démente
d'un dialogue enragé entre deux sourds
emprisonnés au fond d'un cachot noir !...
Je sens que nous serons toujours ensevelis
aux Thébaïdes embrasées de nos chairs,
Seuls, parmi le monotone brouhaha de taverne
qui monte du tréfonds des luxures !...
Seuls, sous le Destin et ses grands blocs
de Douleur, suspendus sur nos têtes ! ..
Seuls, sous le Destin et ses ronrons sinistres
d'écluse colossale !...

La Voix de la Mer.

Pars donc, ô mon enfant, braquant les yeux de ton délire !.
Escalade les brunes montagnes de la nuit,
visite les Etoiles, une à une,
ces villes d'or maudites aux créneaux de diamant,
que tu rencontreras, de distance en distance,
sur l'immense Voie Lactée !...

NOCTURNE

Tu t'en iras par les chemins du Ciel
de firmament en firmament,
suivant au loin le clair sillage d'une comète,
haletant de désir vers Celle que tu portes
... enchaînée dans ton cœur, mais intangible !...
...attachée à tes lèvres, mais à jamais lointaine !...
...vers celle qui ne peut t'appartenir
malgré le spasme affreux qui vous déchire !...

Tu t'en iras, tu t'en iras jusqu'aux confins du ciel,
et tu seras toujours aussi loin d'Elle,
qu'en la serrant d'amour entre tes bras !...

VI

LA CHANSON DU MENDIANT D'AMOUR

LA CHANSON DU MENDIANT D'AMOUR

pour Isidore De Lara.

Je t'avais vue un soir, naguère, je ne sais où,
et depuis, haletant j'attendais...
La Nuit gonflée d'étoiles et de parfums bleuâtres,
alanguissait sur moi sa nudité éblouissante
et convulsée d'amour !...
La Nuit éperdument ouvrait ses constellations
comme des veines palpitantes de pourpre et d'or,
et toute la volupté illuminante de son sang
ruisselait dans le ciel vaste...
J'attendais ivre, sous tes fenêtres embrasées,
qui flambaient seules, dans l'espace ;
j'attendais immobile le miracle suprême
de ton amour et l'aumône ineffable
de ton regard...
.. Car je suis le mendiant affamé d'Idéal,
qui va le long des grèves,

quêtant l'amour et les baisers,
de quoi nourrir son rêve.
Je convoitais hargneusement les pierreries
du ciel, pour embellir ta nudité de reine !...
Et je tendais vers toi mes fous regards
ensanglantés dans l'ombre,
comme deux bras décharnés de mourant !
Et tout fut agrandi par l'ampleur de mon Rêve !...
Des cloches râlaient au ciel, comme des bouches
monstrueuses... les bouches du Destin !...
Des cloches invisibles et farouches,
semblaient s'ouvrir sur moi, dans le silence,
comme des abîmes renversés.....

Une muraille se dressait,
implacable et hautaine comme le désespoir !...
J'attendais seul, et des étoiles par milliers,
et des folles étoiles semblaient jaillir de tes fenêtres
comme un vol d'étincelles d'une fournaise d'or !...
Ton ombre douce parut au creux des vitres,
semblable a une âme affolée qui s'agite,
en des prunelles agonisantes,
et tu devins pour moi la délirante proie,
là-haut, debout, tout au sommet
des tours fastueuses de mon Rêve !...
Mon Amour d'un grand geste brandit ses épées rouges,
dents étincelantes et prunelles crochues,

et monta farouchement vers ta splendeur tragique.

Car je suis le mendiant inassouvi qui marche,
vers la tiédeur palpitante des seins,
et la langueur des lèvres...
l'implacable mendiant,
qui va le long des grèves,
volant l'amour et les baisers,
de quoi nourrir son Rêve !...

La nuit sombre s'ouvrit au bas de la muraille,
et tu parus !... parus fleurir suavement,
tout près de moi,
blanche et pure au sein des ténèbres,
vacillant presque au conseil de la brise !...
Et tout fut aboli autour de moi,
et mon Rêve brisa le monde d'un coup d'aile !...

Certes, pensai-je, en moi-même,
aux jardins fabuleux où mon âme s'exile,
des pommiers chimériques
ont façonné ta chair flexueuse, en neigeant
leurs pétales odorants aux doigts sonores du vent !...
Je vins à toi, tremblant et religieux,
comme en un temple... tâtonnant au hasard,
comme en une grotte humide !...
Je vins à toi, en trébuchant, d'un pas timide,

pour ne point éveiller la Douleur au passage !...
Ton sourire s'ouvrit en l'eau sereine de ton visage,
comme sous la chute calme d'une fleur..
Ton sourire déferla dans le ciel vaste...
et fit pâlir la face impétueuse des Astres
dans le silence !...
Je te parlais volagement de choses étranges,
l'âme baignée d'une angoisse épuisante,
et je sentais mon corps
enveloppé par le courant des rivières voluptueuses.
Avidement, tu guettais, sur mes lèvres,
mon Ame, comme un miel d'or !...

Je compris que ma face s'embrasait,
pareille aux châteaux incendiés
que l'ennemi ravage... Je te parlais
et mes pensées hagardes se reflétaient, lointaines,
et vaporeuses en l'eau tranquille de ton visage !...

Tu voulus me répondre, mais tu ne sus que dire.
Tu me demandas mes angoisses et mes craintes,
car tu me voyais trembler sur le seuil,
comme un coupable...
Et j'étais pareil aux maraudeurs blessés
que des haines poursuivent,
râlant de porte en porte pour chercher un refuge
parmi les poings brandis des foules implacables !...

Tu me parlas de choses indifférentes !... Tu demandas
ma vie passée, mon nom et ma patrie lointaine,
tout ce que l'on demande
aux voyageurs lassés qui boivent près des fontaines,
le soir,
quand tout se fait noir.

Car je suis le mendiant affamé d'idéal,
qui vient d'on ne sait où,
et va le long des grèves...
quêtant l'amour et les baisers,
de quoi nourrir son Rêve.

Je te suivis au fond de tes demeures...
Nous fûmes seuls, loin des foules humaines,
au seuil de l'Infini... et je sentis la suavité
des crépuscules sur la mer, quand l'on arrive
en des golfes violets, tout humides de silence !...
Nous fûmes seuls et mon Rêve
chanta face à face a ton Rêve :

— « Oh ! Baisse tes paupières langoureusement
sur la folie errante de ton regard.
Baisse tes paupières mystiques et lentes,
comme des ailes d'ange qui se replient.
Baisse tes paupières roses, afin que la flamme souple
de tes prunelles

glisse entre elles,
comme un soupir de lune aux persiennes mi-closes.
Baisse tes paupières et puis soulève-les encore,
et je pourrai alors me perdre en tes yeux,
me perdre à jamais en tes yeux,
comme sur des lacs assoupis, le soir,
parmi des frondaisons calmes et noires !...

— « Sois douce, car mon cœur tremble entre tes doigts,
sois douce !... l'Ombre est attentive à nos ivresses ;
le Silence se penche et nous caresse
comme une mère attendrie !... Sois douce !...
Pour la première fois, j'adore éperdument
mon âme et je l'admire de t'aimer ainsi
comme une pauvre folle...
J'adore mes lèvres, car mes lèvres te désirent...
Mon âme est à toi, mon âme est si lointaine et si bleue
qu'elle me semble une étrangère !...
Mon âme s'humilie devant toi,
comme une brebis mourante !...
Elle s'endort en frissonnant sous tes pieds frêles,
telle une prairie qui s'argente
sous les pas sournois de la lune...

— « Viens... mes lèvres folles attireront
ta face pensive et tes grands yeux dolents
vers les plages éblouies du Rêve...

... vers de divins archipels de nuages !...
Mes lèvres seront pareilles aux haleurs infatigables
qui traînent lentement,
en la fraîcheur rose des matins,
les grands navires aux voiles solennelles,
vers le tressaillement nacré des mers lointaines...
Et je ne serai plus, sinon ton souffle même
et mon sang charriera le parfum de tes lèvres,
comme un fleuve au printemps, en l'ivresse des fleurs ! »

Alors, ta bouche rose et nuancée s'ouvrit
comme un frêle coquillage bourdonnant,
pour murmurer sinueusement
le délire de l'espace et le chant fiévreux des mers.
Mon cœur, au rythme de ta voix,
fit de minutieux appareillages
vers des ports exaltés de soleil
et des fulgurantes îles d'or.....
Tu me disais, ingénument,
que nul jamais n'avait ainsi chanté
aux portes de ton cœur,... nul jamais
n'avait ainsi pleuré son rêve et sa douleur
et parfumé tes seins de larmes !...

Car je suis le mendiant qui pleure et se lamente,
le mendiant affamé d'Idéal,
qui vient d'on ne sait où,

et va le long des grèves,
quêtant l'amour et les baisers,
de quoi nourrir son Rêve !..

Tes gestes assoupissants et veloutés
eurent la langueur caressante des rames.
au fil des eaux brumes, le soir..
L'heure plaintive en fut moirée
et frissonnante... Nos voix se turent !..

. . . . . .
Mais la Luxure, hélas, nous guettait,
furetant insidieuse au ras de l'ombre...
La Luxure haletante rampait le long des murs !

Tragiquement les Vents frénétiques
drapaient leurs croupes obscènes
dans la pourpre des rideaux..
Nous vîmes la lampe d'or s'évanouir
comme un enfant malade, parmi des langes
vaporeux, et doucement mourir !...
Nous vîmes les lueurs chastes de la lampe
s'agenouiller, en défaillant, au ras des murs,
comme des anges en prière !...
Nos Rêves s'inclinèrent mélancoliques
et résignés, dans le silence.....

Alors, mon fou désir t'apparut dégainé comme un glaive,
et tâtonnant sur ton corps pur,
en un geste farouche, je cherchai violemment
la tiédeur enlizante de ta bouche.
Dans une ivresse noire, affolés nous nous prîmes
sinistrement nos lèvres comme en un crime !...
Mes lèvres s'acharnèrent pesamment sur tes lèvres,
et nos bouches en furent ensanglantées comme deux lances.

Par un geste sublime,
tu m'offris, délirante, ta nudité suave,
comme on offre une gourde fraîche,
et j'abreuvai ma Soif immense, sur ton corps nu,
jusqu'au délire, pour y trouver l'immense Oubli...
Tremblante et affolée de vertige,
mon Ame se pencha sur ta beauté radieuse,
éperdument, comme sur un abîme
miroitant de parfums et de chaudes lumières !...
Tes yeux doucement s'alanguirent,
sous tes roses paupières,
— lampes voilées de tulle vaporeuse —
et m'inclinant parmi l'envol de tes cheveux,
je pris enfin ton Ame, toute ton Ame,
pieusement au bord des lèvres, comme une Hostie ...

Quand je repartis vers la profondeur
des nuits blêmes,

5

ma gourde était vidée et mon cœur était noir !
J'eus soif et je bus
goulûment l'eau noire des fontaines. ...

. . . . .

et puis je m'évadais, hâtant mes pas, vers l'Inconnu.
Car je suis le mendiant qui va le long des grèves,
quêtant l'amour et les baisers de quoi nourrir son Rêve,
avec au cœur l'effroi mortel d'enlizer pour toujours,
par un grand Soir de lassitude et de néant,
ses pieds sanguinolents
dans la fraîcheur charnelle des sables, au bord des mers.

VII

LE DÉMON DE LA VITESSE

LE DÉMON DE LA VITESSE

pour Gustave Kahn

I

LES TERRASSES DE L'AMOUR

Ce fut mon âme inassouvie qui s'abreuva de joie,
dans la fraîcheur vermeille et succulente des verdures,
très haut, sur la terrasse aérienne et surplombant
la ville gorgée d'ombre et crépitante de lumières,
et le grand port aux mâts enchevêtrés,
ainsi qu'une brumeuse bataille de squelettes !..

Car la terrasse devint pour nous un réservoir d'azur,
bassin immatériel où l'eau vierge du soir
se recueillait pensive, en rond, avec mystère .

Ce fut mon âme inassouvie qui s'abreuva de joie
aux parapets, très haut, parmi l'envol de nos baisers,
et la fumeuse rêverie de tes yeux bleus

longtemps emprisonnés aux fournaises du Jour,
les grands yeux fous qui se délivrent
dans l'espace, quand la nuit tombe !..

Oh ! comment enchaîner nos deux cœurs
ivres déjà de suivre la douce caravane
des Étoiles nomades et leur trot braisillant
sur les pentes du ciel et leurs souples rayons
qui tressaillent et qui tintinabulent
au crépuscule, ainsi que des sonnailles d'or
sur le désert des mers ?..

Oh ! comment enchaîner nos deux cœurs
ivres déjà de vivre en paix parmi les feux épars
des Étoiles campées comme une horde barbare
sur les cimes lointaines ?...

Je me souviens de toi, clair visage argenté
par la buée des larmes, beau lys épanoui
dans les tréfonds hideux de ma tristesse,
que par instant l'haleine bleue de l'infini
balançait sur la tige de ton corps idéal !...
Hélas ! en d'autres bras, sur d'autres seins inexplorés,
voilà que mon cœur lourd se livre encore avec ivresse
à la puissante escarpolette de l'amour,
qui ondoyait jadis nos âmes avec paresse
et violence tour à tour.....

Malgré la monotone identité des plages,
côtoyées par l'ennui d'un éternel voyage...
malgré l'identité des lèvres en amour,
en d'autres bras, sur d'autres seins inexplorés,
voilà que mon cœur noir plonge et replonge
comme autrefois, comme autrefois sur ta chair lasse,
cassant sa force en soubresauts haineux,
cherchant l'oubli dans la luxure aux profondeurs
gorgées de lave, brisant l'orgueil de la pensée
en des manies impures, courbant les reins
comme un esclave sous la trique de la Mort !...

Oh ! l'identique flux et reflux de la marée
qui enlevait d'extase et de ravissement
nos cœurs fondus éperdument,
plongeant avec délices et puis rejaillissant
hors de l'écume amère, tel un nageur lancé
parmi l'essor des vagues qui se balancent
au rythme cadencé de ces tribus d'Etoiles
émigrant en silence par les grands soirs d'été !...

Par les grands soirs d'été, exaspérés d'éclairs
muets et do parfums amers,
voilà que mon cœur noir bondit fougueusement
comme autrefois, comme autrefois hors de tes bras,
par delà les balcons aériens
qui virent en plein ciel ! ..

Mon cœur bondit, griffes au clair
comme un dogue, en aboyant sa rage
de mordre au loin la pulpe des nuages !...

— Repose-toi !.. Repose-toi ' . Il n'est doux que dormir '.. —

Là !... non, la vie est à brûler comme un falot de paille
Il faut l'ingurgiter d'une lampée hardie,
tels ces jongleurs de foire qui vont mangeant du feu
d'un coup de langue, escamotant la Mort dans l'estomac !..

Pâtres noyés dans les brumes du soir !...
Flûtes plaintives, flûtes en pleurs,
languissantes chansons aux cadences lascives,
qui dorlotez avec tristesse
ce rude paysage tout enfiévré d'Etoiles,
en le berçant, comme un enfant
au creux des langes transparents et suspendus
de vos airs nostalgiques frangés d'azur '...
Pâtres noyés dans les brumes du soir ! .

Ah ! Ah ' je briserai vos flûtes persuasives.
... Et leurs tronçons ?...
Tenez là ! là !. pour en nourrir la flambée rose
de mon grand feu du soir !... Ne riez pas.
Ce n'est qu'un feu de halte pour me garer des fauves
et rissoler des viandes avant de repartir !..

Sous la treille azurée où les étoiles heureuses
au crépuscule, viennent s'endormir deux à deux,
en accolade lumineuse.....
nos baisers furent drus, si drus, si ténébreux
que tous mes soirs futurs en furent obscurcis.
Et c'était goulûment que je buvais ta chair blessée
et j'entassais férocement à force de caresses
de la joie rouge comme un alcool et de l'oubli
dans tes veines profondes :... « Tiens, tiens ma volupté...
Prends mon sang !... prends ma vie !... »
Et j'entassais férocement par de lentes morsures
de la douleur cuisante et de la nuit et du néant,
tout au fond de tes nerfs, tout au fond de tes os
comme au fond d'un puits noir !..

En détachant ma bouche de ta bouche assouvie,
je vois... terreur ! la Nuit vorace
grimpe vers nos bouches... la Nuit,
dévoreuse éternelle d'espoirs et d'or solaire !..
Un jour !... voilà tout un grand jour anéanti !...
Sauve-moi, beau Destin !.. mon Destin bien-aimé !.

II

LE TORRENT MILLÉNAIRE

pour André Beaumier

La grande Nuit sournoise s'arc-boutant aux rampes
grimpe sans bruit et d'étage en étage, avec souplesse,
s'agrippant aux nuages somptueux de turquoise !..
Ses ailes membraneuses empoussèrent les formes
et métallisent
la paresse ondoyante des verdures qui se figent,
avec la dureté étincelante de l'acier,
et la lourdeur du plomb diffus dans l'atmosphère...

Calme donc, ô mon âme, ta fièvre surhumaine,
car nous avons une heure exquise à savourer,
en liberté, à notre guise,
en prélassant nos grands désirs flâneurs,
au gré des pacifiants éventails du silence !...

. . . .

Nous partirons à la nuit close... Vois-tu, le soir
est prodigue à l'envi de roses chimériques
et de lèvres illusoires parfumant les balcons !...
Mais pourtant, hâte-toi, mon âme, de jeter
un long regard à la terrasse vermeille de l'Amour,
car déjà, lentement, des housses s'y déploient
et des patines tâtonnantes d'ombre et de vieillesse
dévorent sourdement les ors flambants
des vitres sur la mer !.....

Pleurait-elle tantôt ?... Je ne sais... Et sa voix ?...
ses sanglots ?... oubliés !... Le Vertige me prend
tout à coup aux entrailles... et je m'élance
et je quitte à regret le grand port endormi
pour traverser la ville, au cœur de feu, gonflé d'angoisse,
et ses bourdonnements étouffés de chaudière !...

Tout à coup la chaussée boueuse de la rue
s'exalte sous mes pas, violâtre dans l'éclat
sursautant des lumières .. La chaussée bleuissante
monte en se gonflant de toute sa véhémence
infatigable vers l'immense éteignoir
du ciel livide, qui écrase à loisir
tous mes désirs flambant droit, tour à tour,
et rampant contre terre.....

Prenez garde aux promesses trompeuses des beaux soirs,

et leurs espoirs épars de délivrance et de joie inouïe,
parmi la suie morose qui sourd au plafond bas du ciel,
et son relent mielleux de cachot noir !...

Je la sens s'évader en furie sous mes pas,
la grande chaussée mauve et bleuissante,
toute lustrée par l'amertume des reflets qui la déchirent
avec ses innombrables cris lunaires !...
Et je la sens bondir contre moi, loin de moi,
vers l'attirante liberté et l'effroyable casse-cou
du ciel livide qui la guette de très haut,
le grand ciel libérateur et despotique...

Voici, les rails luisants se tordent indolemment
et semblent frénétiques, malgré la paresseuse
mollesse des torsions.. Les rails luisants s'élancent
en restant immobiles, en silence,
et s'acharnant a rejoindre, en plein ciel,
les constellations fulgides qui voyagent !...
Les rails luisants semblent trembler de joie
enlaçant avec grâce, très bas, sur l'horizon,
les feux mourants du soir aussi épais que du fard rose.
Cent ?.. Mille ?... Dix mille ?. . C'est peu dire !...
car ils sont innombrables, les grands yeux violets,
verts et rouges des fantasques tramways,
les grands yeux qui glissent, sombrent en foule,
et s'entre-choquent, entre-croisant leurs cils de feu...

Folie !.. très loin, sur la chaussée, les yeux éclatent
rageusement et s'entre-mordent
comme des bouches d'ogre happant des corps d'enfants ....
Folie !... voici qu'ils plongent les grands yeux,
évanouis, filés au diable et luttant de vitesse
en des lointains chassés-croisés enfumés d'ombre et d'or !...

Les revoila !... Les revoilà !... grandissant à miracle
leur allure agressive, de soubresaut en soubresaut,
montant toujours, par secousses dorées,
horriblement contre mes yeux, contre mon front, sans cesse,
tels des noyaux embrasés de comètes !...

Oh ! l'angoisse cruelle !... et ce cœur qu'a-t-il donc
à bondir coup sur coup,
dans ma poitrine, dans ma gorge, entre mes dents ?...
Hallucinants tramways, tout ruisselants de feu,
ah ! roulez donc vos roues puissantes sur mon cœur,
broyez-le donc contre les rails, comme une taupe !...
Sous le grand ciel d'été étoffé de chaleur
qui va bâillant ses brefs éclairs,
avec le feu instantané de ses dents claires,
et sa puissante haleine déployée en blancheurs,
tristement la chaussée dégaine ses reflets !...

Oh ! le fracas de pont-levis qui résonne et qui tonne
sur les rails !... Quels marteaux ?... Holà !.. et quels tambours

de métal ?... Quelles enclumes aux entre-chocs sonores ?
Frénétiques tramways trépignants d'une ivresse
multicolore, encombrement de pierreries vivantes,
ô roulants blocs de gemmes lancés en projectiles,
loin de moi... contre moi... allez-vous donc bondir ?...

Qu'avez-vous à grossir par milliers tout à coup,
prunelles injectées de sang, de haine et d'ombre,
prunelles révulsées de ci de la, projetées
hors de la quille d'un vaisseau infernal,
ainsi que des hublots menaçants et rougeâtres,
aux feux réverbérés d'un chantier de démons ?...

Soudain vous ruisselez en grenaille de gemmes,
alourdies de larmes douloureuses...
Prodigieusement, vos regards forcenés
qui roulent dans la nuit ont mué la chaussée
en un grand lit vertigineux de torrent
aux folâtres remous de rubis et de flammes !
Certes, le ciel s'est fondu à miracle
pour gonfler ce torrent où chavirent sans fin
les nuages trempés de pourpre et les constellations,
en coulant par-dessus les toits noirs
pêle-mêle avec les rails étincelants
et leurs ébats déments de serpents diaboliques !...
Tout le ciel avili et malade,
le ciel endolori ivre-mort de sa haine,

tout le ciel terrifiant, terrifié de tristesse
s'effondre au lourd fracas exaspéré des rails ..

O torrent millénaire énormément gonflé
de pierreries et de ténèbres,
qui ruisselles sans fin sous le galop grotesque
et les trébuchements
des fantasques tramways
pareils à des énormes hérissons braisillants,
vers quel but vas-tu donc charrier mon désir ?

Vers la gare qui flambe, au loin, monstrueuse topaze
aux baisures de feu ?... N'est-ce donc pas
la cage ardente d'un phare énorme,
tout au bout de la tresse fulgurante des rails,
pareils aux phosphoreux sillages des hélices...

Chimériques tramways ocellés d'yeux rougeâtres,
quand donc un bras d'airain saura-t-il enchaîner
au rivage et dompter vos galops térébrants
et vos déments tangages de torpilleurs fantômes,
tandis que vous voguez aux profondeurs, en contre-bas
de la chaussée bleuâtre,
vers la pleine mer de l'ombre ?...

Et la chaussée se creuse à l'infini,
lustrant sa profondeur sous mes grands pas,
et se fonçant de boue opaque, un peu plus loin
et çà et là, s'immensifiant de transparences
incalculables, comme un abîme !...

III

LE SOIR HINDOU

pour Pasquale De Luca

Oh ! les maisons ont bien vieilli de cent mille ans
depuis le clair midi qui caressait leurs joues
de ses rayons soyeux !.. Les maisons ont vieilli
depuis tantôt une heure.. et les voilà courbant le dos
sous le faix des ténèbres.
faces momifiées aux méplats endurcis !..
Sournoisement, voici, se multiplient les rides
et leurs prunelles vides s'enténèbrent à contempler
avides, l'élan exaspéré de la chaussée
qui va roulant fiévreusement la détresse éternelle
de ses eaux de torrent immuable..

O maisons décrépites, aux faces rentrognées,
vous faut-il donc froncer ainsi vos sourcils granitiques ?
Je ne ferai pas droit aux sinistres reproches

que vos sombres portails vont marmonnant, le soir !
Ah ! force vous sera d'admettre ma démence...
et vous mourrez avec lenteur, lugubrement,
faute de jeter bien loin votre froc de ténèbres
pour me suivre au hasard en l'absurde équipée
de mon beau rêve suicide [1].

Moi !?... mon désir est de bondir dans le gouffre des nuits !...

Ignorez-vous que c'est plaisir suprême
quand on s'en va écraser net contre un mur noir,
en un spasme explosif,
un grand cœur monstrueux aux teuf-teuf diaboliques
et les géantes pneumatiques de l'Orgueil
toutes gonflées de haine et d'idéal amer ?...

Tout au loin, et très haut, s'exagère en plein ciel
une montagne ardente et pâle
de nuages crayeux, embuée de maléfices,
portant à son sommet une pesante architecture
de monstres griffus d'or [1]...

C'est un grand soir Hindou de pierre dure
luisante et bleue, qui verdit sur les bords
sous l'emprise fatale du Dragon,
dont le sinistre halènement de feu
et de chaleur blanche aiguillonne d'effroi

nos lamentables vies tassées et nos allures
de fourmillière qu'on dérange...

Oh ! la pénombre vénérable de cette nuit tombante !
Extase inassouvie des rayons et des gemmes,
ténèbres attentives, frénésies immobiles...
C'est un sous-bois géant de forêts fabuleuses
aux lourdes frondaisons de bronze et de porphyre
s'éternisant sur la démence en fuite d'un torrent !...
Un torrent noir tout annelé d'éclairs et d'ombre
roulant aux profondeurs figées de l'Inde,
parmi le glissement des boas affamés
sur les berges .. et leurs baisers sifflants
sur le glougou gazeux des sources !.. Et je hâte mes pas
dans l'accolade vénéneuse des serpents et des arbres,
palpant l'air velouté de larves, en tâtonnant
dans les touffeurs gorgées de poisons roses
qui bruinent lentement !...

Le voilà accroupi, très haut, sur sa montagne
de nuages crayeux, le Dragon centenaire,
tout bosselé d'acier et de phosphore, qui déroule
son ondoyante queue dont les anneaux brillants,
encroûtés d'émeraudes, s'étagent en plein ciel !...

Beau destin, garde-moi de l'haleine effrayante
aux torpeurs homicides, que verse par bouffées

blanchâtres le Dragon immobile qui dompte,
entre ses griffes d'or, la topaze incendiée
de la gare aux mille feux hallucinants de phare !...

Hurrah !... partons, mon âme, évadons-nous
par delà le ressort des muscles déclanchés,
par dela les confins de l'espace et du temps,
hors du possible noir, en plein azur absurde,
pour suivre l'aventure romantique des Astres !

IV

LE SIMOUN

pour Alexandre Casati.

Rauques sifflets, donnez donc le boute-selle !...
Le hall fumeux et colossal de la gare est béant
vers le ciel pâle et flou du soir,
comme la gueule informe des grottes fabuleuses
hantées par les dragons énormes et l'épouvante
de leur noire respiration...

Et le hall colossal chasse au loin par bouffées
son haleine blanchâtre globulée de ténèbres,
où de lourds et puissants papillons électriques
vont agitant leurs ailes de neige éblouissante.

Voici que je me sens tout rugueux, tout noirci
de vieillesse, haletant bouche bée vers l'azur frais du large,
comme au sortir d'une cale puante...
comme au sortir des entrailles de la terre !...

Rauques sifflets, donnez donc le boute-selle
de mon départ tragique !... C'est mon train qui s'ébranle
parmi le tourbillon d'un simoun fantastique
et nocturne, où, soudain :... noirs chameliers géants...
térébrants dromadaires au grand dos crénelé,
sur leurs pattes de fer au long poil de bitume...
onagres aux yeux ronds tout larmoyants de braise..
bras envolés d'effroi vers le ciel implacable..
tout s'ébranle au galop, à pas pesants de plomb !...

Caravane infernale aux lourds chameaux d'airain !...
Chevaux cabrés et pivotant d'horreur
à la merci féroce d'un vent rouge !...
Chameaux courant, lancés, piquant des têtes
dans la marée du feu, au ras mouvant des sables,
aplatissant leur fuite par enjambées immenses,
comme sous des toits embrasés !...
Encolures tendues par la terreur, zébrées de feu,
tordues par le déchirement de leurs cris blancs !...
Mâchoires de chameaux, délirantes mâchoires
de vieilles centenaires qui ruminent du feu
pêle-mêle à des grands cris de poulie !...

Le train s'élance et plonge de l'avant
avec ivresse dans le Soir libérateur et despotique.

O mon Destin, là-bas, vers quel trône superbe,

au baldaquin plissé d'azur,
montent-ils ces beaux cirrus de jade
échelonnés en gradins dans l'espace ?...

Dis-moi plutôt, n'est-ce point là, sur l'horizon,
un grand fauve accroupi au mufle gigantesque
dont je vois, coup sur coup, claquer immensément
et fulgurer en rond la queue, comme un éclair,
pour chasser de son dos des mordantes Etoiles,
en cinglant la chaleur vibrante du ciel pâle ?...

Mon train dément suit les rivages sinueux,
surplombant, par instant, les anses d'azur frais
dont mollement s'échancrent les côtes granitiques..
Oh ! la splendeur artificielle longtemps voulue,
méditative et méditée,
de cette mer emmurée qui sommeille à loisir
en ce golfe assombri, que me conseille-t-elle ?...
Je sais, tu me conseilles la halte d'accalmie
et de douceur plénière sur l'oreiller des sables !

Des vaguettes d'étain squament la courbe de la plage
comme aux estampes primitives,
cependant qu'un voilier de pourpre et d'ocre ardente
piétine patiemment, tanguant sur place,
avec de noires silhouettes de marins à la proue
qui soudain apparaissent entre les vergues,

frappées sur la couleur brûlante de la toile
avec la dureté précise des exergues
sur les monnaies Carthaginoises...

Et le Soleil métallisé simule un médaillon...
Le ciel... la mer s'immobilisent...
A peine si les vagues ondulent d'aise langoureuse
ou se pavanent mollement entre les roches...
Enjambons vite et dépassons ce promontoire de malheur !

Voici, voici la pleine mer sauvage et bonne conseillère !...
La mer frappée d'une panique inattendue,
la mer lutte et fuit... vers quel but ?...
Des barques larguent leurs voiles vers les Etoiles,
et se targuent de vaincre les flots
de la mer qui lutte sans but et fuit sans but...

Et l'Aurore où est-elle ?... et son haleine de jasmin ?
... évaporée dans la touffeur et la pénombre vieillissante.

Ah ! j'augurais tant la voir surgir en un miracle
d'exaltantes soieries sous un ciel rénové !..
Hélas ! la nuit s'effondre et le Soleil s'en va
rétrogradant avec lenteur vers l'autre pôle !..
O splendeur obsédante d'un grand soir immobile
sur la mer !... que me veux-tu, beau Soir ?...

Soir de remords et d'impossible,
Soir aux douleurs irréparables,
lamentable miroir qui vieillit ma tristesse,
vite, holà !... que je défonce ta pâleur
compatissante, amère et chargée de reproches !...

Mais, oui, je pouvais bien chanter, le bec ouvert,
près de mon auge à mil,
boire et prendre mon bain du soir
dans l'eau croupie d'un gobelet
comme un serin ! .

Dis-tu ?... les femmes ?... qu'avais-je donc
à m'enquérir de leur levain charnel
et de leurs seins frottés d'épices, du moment
que mon Ame jouit si peu que rien entre leurs bras ?...

Rien ne vaut le délire de bondir dans le noir !
O gué, chantons !... Mon train dément s'est délesté
de tout le poids écrasant du soleil !...
O gué, le voyez-vous descendre avec agilité,
vers le cœur de la terre, comme une vrille énorme,
raclant en rond les parois de l'enfer ?...

V

LES FORÊTS VINDICATIVES

pour Notari.

Qu'as-tu donc, cœur dément, à te lancer ainsi
à corps perdu, dans la touffeur immense des forêts ?...
Ne sens-tu pas autour de toi se tordre de colère
les frondaisons vindicatives que le soleil féroce
martyrisa le long du jour, sous ses poignards de feu ?...

Comme toi, les forêts exaspérées de mâle rage
vont s'acharnant en des sursauts terribles
pour griffer au passage les nuages pesants
et bedonnants de pourpre !...

Mais les nuages passent insouciants sur ta démence
de grand fleuve polaire aux débâcles sonores,
et sur les gestes forcenés des forêts vindicatives.

Ils s'éloignent insouciants, les lourds nuages,
comme des vieux gardiens désabusés
en un préau de fous !...
Sois donc fou, train fougueux de mon Ame, à ta guise,
tant mieux !.. et réponds-leur en t'esclaffant de rires blancs
et de vapeur, avec tes clairs sifflets empanachés d'horreur.

Pauvre Sagesse !... Oh, l'allégresse de se sentir absurde !...

Voilà que le Soleil couchant vient d'emboîter
ton pas véloce, accélérant sa palpitation
sanguinolente au ras de l'horizon...
Il s'élance à grands bonds là-bas, là-bas, regarde !..
hop ! hop ! hop ! il galope comme toi ; sa bouche informe
et rouge d'ogre, la vois-tu ?... qui dévore à loisir
la pulpe incarnadine des nuages,
avalant pêle-mêle et mâchant les ramures
ténébreuses, et les revomissant au fond des bois ?...

Oh ! que le Diable emporte au loin tous les Soleils repus
et les nuages bedonnants et les forêts hargneuses !...

Enfin, enfin, mon cœur se baigne — et c'est la joie suprême ! —
dans la Nuit mensongère et divine,
pleine, on dirait, de philtres amoureux,
comme une coupe fatidique, dont les bords fleuris d'astres
touchent au Zénith !...

Enfin, enfin, mon train s'enfonce — et c'est l'extase ! —
dans cette nuit plénière, sous l'attendrissement
des Etoiles grisées qui s'assoupissent
avec aux doigts de moelleuses fleurs de turquoise !...

Enfin, enfin, mon train bondit — et c'est ravissement ! —
dans la mollesse éparse de ces lourds éventails
odorants de rosée et de brise lascives
que la Nuit traîne, sans fin, au loin,
sur les foins embaumés !...

Hélas! la joie exquise est vite évaporée...

Les Cieux sont assourdis par mes pas de géant!...
Les Cieux sont aveuglés
malgré ces bleus ruissellements d'étoiles !...
et je me sens vaincu par la morne oppression
des Éléments dompteurs !... Quel plaisir que le vôtre,
Forces toutes-puissantes qui me brisez les reins ?...
J'entends le crissement de scieries infatigables
que font vos colossales tenailles étrangleuses
tout en se refermant sur mon cœur vagabond !...
N'importe, train dément, je suis à ta merci... prends moi !
Sous le ciel assourdi malgré tous ses échos,
sous le ciel aveuglé malgré ses astres d'or,
je vais éperonnant ma fièvre et mon désir
à coups de glaive en pleins naseaux !

et je m'incline, avec délices, à droite, à gauche,
pour sentir, sur mon cou,
s'enrouler les bras frais et duvetés du Vent.

Ce sont tes bras charmeurs et lointains qui m'attirent,
ce vent c'est ton haleine engloutissante,
formidable Infini, qui m absorbes avec joie !
A moi ta bouche de démon, soûle d'éclairs !
Voici un lourd baiser ou mon Ame se vide,
monotone Infini aux regards pluvieux
flottant au loin parmi des sons mouillés
de cloches funéraires !...
Monotone Infini aux lèvres desséchées
comme un port ensablé que la mer abandonne !...
Monotone Infini qui me souffles au visage
la térébrante haleine d'inconnu
et de mystère impénétrable !...

Mon train noir enragé d'éclairs verts et de vent
fuit sans cesse en roulant son galop de tonnerre,
avec des bonds, des soubresauts, des demi-tours
et d'élégantes vire-voltes sur la courbe des rails
qui luisent en plongeant dans le noir,
avec un espagnol et dangereux déhanchement
a pic sur les abimes insondables...

Et mes chevaux d'airain traînent partout dans les échos,

la saccade bruyante de leurs fers,
qui lochent en sonnant, comme des cloches :
et la Nuit leur insuffle une démence irrésistible !...

Colonnes de fumée, immenses bras de nègre
annelés d'étincelles et de rubis sanglants,
ramonez donc les profondeurs du crépuscule !...
Spirales d'or et de cendre embrasée,
pareilles aux rutilantes dépouilles d'un serpent,
mon cœur vous abandonne avec ivresse dans l'espace !...
Jouis donc, jouis donc, ô mon âme effrénée !...
Voici, pour t'attendrir, tu n'as qu'à suivre du regard
ces blancs chemins de rêve au flanc d'une colline,
baignés d'une soyeuse lumière nostalgique...
ces troupeaux de brebis, mignons troupeaux et cependant
immenses et ruisselant à l'infini, par monts, par vaux,
à droite à gauche.. Oh ! les brebis figées, à toisons bleues,
et leurs têtes si frêles d'argent pulvérulent,
et leur museau d'azur nacré, tendu
vers l'échevèlement triomphal de mon train !...

Amusons-nous, mon âme, un instant bref, à savourer
ces blancs troupeaux figés, infinis et chétifs,
et leurs faux airs de trotter immobiles,
allant en billebaude par des sentiers d'extase !...

Amusons-nous un instant bref à sangloter

sur la voix illusoire d'un biniou lointain,
qui pleure, au fond de ma mémoire ses mélodies fanées,
tremblant comme une larme au bord de mes paupières.
Oh ! l'angoisse de voir refleurir a miracle,
parmi les pleurs du biniou, tout mon passé,
tous mes soleils défunts qui se redorent dans mon cœur
et le village antique, tout à coup rénové, battant neuf,
dans le don-don ensoleillé des cloches ! .

Un instant bref, holà !... point de retard !...
Desserrez donc les freins !. . Vous ne pouvez ?. .
Brisez-les donc !...
Plus vite, encor plus vite !... que le pouls des machines
centuple ses elans !... Voici mon train qui rebondit
dans un halo de flamme et d'or saignant !...
Oh ! bras noirs de fantômes, faites tourner sans fin
ses roues dentées de feu, d'une vitesse exaspérée,
pour que je prenne tout mon soûl de vent et de ténèbres !...

VI

LE SABBAT

pour Pierre Quillard.

Bravo ! Bravo, mon train, c'est bien à toi de mépriser
ainsi la ténébreuse corpulence des montagnes
empesées de silence qui grandissent d'heure en heure,
sous leur chape de nuages !... la, là, droit devant toi !..
... et je loue ton courage.

Vous avez beau me menacer, vieux Titans invisibles
dont les bras soulevés à tous les coins de l'horizon,
brandissent en rond des cimes noires, suspendues
sur ma tête !... Je me ris du Scorpion colossal
accroupi sur le plateau suprême, le Scorpion
agitant, en plein ciel,
ses immenses antennes armées d'astres sanglants
comme de lourds et massacrants casse-tête dorés !...

Soudain mon train pantèle, essoufflé et rampant,
assouplissant au ras du sol son ventre ténébreux
ondulant, aplati comme un matou géant.
Mon train souffle au loin l'épouvante blanchâtre
de son haleine qui se mêle à des braisillements
que vomit la vallée.

De ci de la, tassées dans les vallonnements,
comme au fond d'un repaire où grouille le sabbat,
des usines aux cent yeux, râlent sans fin
avec les rouges bouches bées de leurs grands fours..
Ce sont des chattes maléfiques
qui dressent vers le ciel leurs longues queues
de fumée globuleuse.

Et mon train au long corps désossé de matou
se coule avec adresse sous les roses caresses
que font leurs bâillements de feu grandioses.

Et voilà qu'une bave mordorée de lave
ruisselle hors de leurs portes éclatées en mâchoires.
Et voilà que se dressent des squelettes
de mendiantes au pas cassé qui vont traînant
sur leur dos ogival une bourrée de flammes !...

O mon cœur migrateur, vas-tu donc explorer
la profondeur de leurs prunelles violâtres ?

A voir la ronde infatigable de regards infernaux
et le fourmillement des larmes reflétantes
dans les vitres profondes,
on eût dit que des monstres ouvrageaient
la splendeur des lumières pour préparer le jour futur
manipulant des reflets bleus et ciselant
des feux mignons, tels des divins orfèvres
aux doigts subtils, qui tour à tour, de leur vibrant marteau
à tour de bras, à coup de dent,
fabriquaient à miracle l'auréole solaire
en des forges maudites !...

Et cependant une torpeur fiévreuse englue les marécages,
Les lichens sur la berge sont roussis par les pas
embrasés des démons vers des repaires de sorcières !...

O damné coupe-gorge hanté lugubrement
par l'éternel coassement des crapauds inspirés !...
L'air saturé de suie et strié de phosphore
se feutre de vampires aux yeux de Levantine...

Mon train s'élance à fond dans la plaine rase
où, d'instant en instant, les usines tragiques
se multiplient au loin dans l'ombre... à la manière
sournoise des lucioles... Leurs cheminées,
pareilles à des très longs naseaux,

chassent fiévreusement, par saccades nerveuses,
de vivantes fumées méticuleuses !..

O Folie, ma folie, ô jongleuse éternelle,
tu donnes a la fumée les faux airs d'un grand ver
chimérique qui rénove et regonfle
ses anneaux, et dont la tête aigue
semble mordre le toit invraisemblable d'une usine,
pourtant réelle au fond du cauchemar !...

Fiere et sinistre, grisée de solitude,
exaspérée par la menace des abimes,
une usine au grand dos crenelé, et ruisselant
d'effroi bleuâtre, surgit soudain
à un détour, sur la courbe des rails,
en s'esclaffant de tous ses rires d'or,

Rions, rions, mon cœur ! Vois-tu ? la fonderie
fait sans fin, à plaisir, des gorges chaudes,
riant dans ses énormes fours flambants !...

Horreur ! elle sursaute comme un dogue infernal
tout imbibé de braise, et me vomit
en plein visage sa rage phosphoreuse
et ses poumons d'airain, croulant
interminablement !..

Mon Cœur ! Mon Cœur !
Pouvais-je bien prévoir un tel gardien en sentinelle,
près de ces murs absurdes qui chavirent au loin ?...
On m'accueille en bandit, moi qui me souciais bien peu
de visiter cette cité dormant
aux bandelettes du silence, ainsi qu'un momie
sous le joug obsédant des Etoiles !...

Qu'on la dépasse vite ! Allons plus loin,
et je fuis, les freins libres, en contemplant au loin
l'immémorial sommeil de la cité
crucifiée sur les grands bras en croix
de quatre immenses routes blanches.

O Titans de granit dont les bras soulevés
brandissent des montagnes sur ma tête,
écrasez-moi bien vite sous vos blocs suspendus,
car, voici, l'épouvante glace mes reins de bronze
parmi l'haleine exaspérante de la Mort !...

Des prunelles, partout, de pourpre et d'ocre,
se figent devant moi en me barrant la route. .

Une forge massive aux regards démoniaques,
aux grands méplats fardés de sang noirâtre,
émerge au loin comme une face d'Erinnys
sous des nombreux serpents cabrés et torses de fumée !...

Pour m'effrayer peut-être ?... Ah ! non, pitié !...
car c'est pure délice que d'entrevoir plus loin,
sur le toit d'une usine, des rayons infinis
qui s'élargissent en angle lumineux,
pareils aux cornes de lumière que l'on voit
sur le front de Moïse dans les tableaux sacrés.

De cahot en cahot, par bourrades cruelles,
et par glissades, mon train veut faire semblant
do broyer des squelettes et, tour à tour, de piétiner
sur de gros ventres flasques de cadavres !

Au clair de lune intermittent, qui sourd et choit des nues,
je vois en contre-bas, dans la campagne immense,
une ville endormie près d'un fleuve
qui tournoie majestueusement
avec l'air débonnaire et tyrannique d'un vieux gardien...
Car voilà bien... au clair de lune intermittent,
les flots luisants évoquent une armure.

Un fleuve ? Un fleuve ? Nous voilà sur son dos !...
Sur le pont nous dansons,
sur le grand pont de fer...
sur les toits de l'Enfer !...
Nous dansons dans la cage du pont
aux treillis endiablés qui vont en débandade

ainsi que des légions de squelettes gambadant
au rebours de mon train !

Comment ne pas embarrasser nos pas géants
dans l'effarant taillis des rails étincelants ?...
Gare ! Gare ! Ce sont là écheveaux de serpents
fulgurants et dorés qui bataillent dans l'ombre !...
Cent mille, des millions de serpents s'engouffrent
sous mon galop fougueux dans le grand hall noirâtre
d'une gare profonde... Halte !...

Mon train s'arrête haletant, essoufflé
comme un fauve traqué au fond de sa tanière.

VII

LE FLEUVE TYRANNIQUE

                pour Madame Elisabeth Kahn.

Oh ! pourquoi n'as-tu pas voulu te reposer,
mon pauvre cœur tordu d'angoisse et d'amertume,
pauvre cœur ballotté par le tangage du Désir ?...

Dans cette ville antique qui sommeille à loisir,
près de son fleuve millénaire, couché en rond
comme un guerrier sur le seuil de la porte,
et dont le souffle intermittent fait miroiter l'armure...
Elle est là, pas bien loin, ta Josie bien-aimée !...

Josie dort à cette heure dans sa chétive maisonnette,
au fond d'une ruelle coite,
qui savoure béate le sable du silence
coulant au sablier paisible
et froufroutant de ses verdures !...

Elle est là, ta Josie. qui boit nonchalamment,
d un souffle doux, les philtres du sommeil,
sous l'âpre tyrannie d'une implacable Etoile fixe ...
Tu t'en souviens, mon cœur ?... — A peine !...

Et pourtant, Elle m'aimait de toute la chaleur
vibrante de son corps et de toute son âme
en flammes bleues mourant dans ses yeux purs !...
Elle m'aimait de tout le miel de sa salive heureuse,
quand mes bras s'efforçaient d'amalgamer nos chairs,
nos pauvres cœurs errants !... Josie était bien douce,
pas bien lourde à porter dans ses bras, pour la vie,
vers le néant de la vieillesse... et pourtant !...

Je me souviens de la terrasse ou coulaient nos beaux sous,
sous l'azur, dans l'azur embaumant des glycines,
parmi le gonflement et le flic flac des linges bariolés
suspendus au séchoir, qui semblaient vivre tout à coup
la vie ardente, épanouie des voiles sur la mer ! ..
Les linges bariolés gonflés de vent semblaient vouloir
arracher la terrasse et m'inviter à fuir
en voguant à vau-l'eau, dans les roseurs du soir !...

Et j'empoignais ses seins gonflés par le désir
comme on empoigne, d'un coup de main, la toile
vibrante d'une voile, dans la saute du vent,

pour doubler son allure et son élan
vers l'impossible enlacement d'un ciel lointain.

Lorsque mes mains, en des hâtes fiévreuses,
dégrafant et brisant d'attirantes barrières,
rudoyaient la langueur exténuée de son corps pur,
pour assouvir partout son angoisse lascive,
soudain sa voix se déchirait de désespoir :
« Je sens, chéri, je sens que tu ne m'aimes pas !...

Oublie, oublie, mon cœur, ses cris navrants,
et rêve encor, plutôt, à ces étoiles délicates
qui venaient s'enrouler, des nuits, entre nos bouches !...
Etoiles douces apprivoisées par la chaleur de nos baisers !...»

Sur le perron, a la nuit close, Josie, en s'inclinant
vers moi, les bras tendus, m'offrait ses lèvres
en me versant au cœur ses adieux langoureux
et les pleurs de sa chair !.. Ses lèvres ?..
Ses yeux d'azur trempés d'oubli ?...
J'en ai si peu joui, aveugle que j'étais !...

Par les tièdes midis printaniers, Josie, debout
sur le perron, m'offrait ses lèvres attentives
et ses prunelles, chères captives de mon rêve.
— « C'est toi, mon bien-aimé ? J'ai fait un mauvais rêve !

... que des sorciers m'avaient ravi ta bouche pour la vie.
Vois-tu, je t'attendais, la chair brûlée
dans la tunique ardente d'un désir terrible.
Et j'étais ivre de mon attente effrénée
à vouloir en mourir ! Et mes baisers errants
créaient incessamment ton corps dans l'air nocturne !
Mais toi qu'as-tu, mon bien-aimé ? Ton cœur éclate.
Tu trembles ?.. mais pourquoi te vois-je ainsi
tout hors d'haleine ?

— « Je viens d'escalader les marches à pas géants,
comme on gravit, le glaive au poing, l'échelle d'une tour
pour y planter un drapeau de victoire !
Josie, ô ma Josie, tout en montant vers toi
j'étais pareil au spasme accéléré de la luxure
que je pousse en ta chair à force de caresses !...
J'étais pareil au spasme qui te mord aux entrailles
et peu à peu brûlant tes reins, noyant tes yeux
et suffoquant ta gorge d'angoisse et de plaisir,
fait éclater ta bouche en un grand cri
et lance enfin ton âme en feu
dans l'Infini !...

Je veux atteindre à tous les buts et bondir sur les cimes,
ensanglantant mes ongles aux pics inaccessibles.
J'ai peur que le Temps noir aux pas véloces ne me devance,

sur les plateaux suprêmes d'un Idéal absurde
J'entends le Temps pesant, aux os d'airain entrechoqués
sonner déjà sur mes chemins, comme une panoplie
au vent d'hiver !.. Je veux que cette rosse moribonde,
aux entrailles profondes ainsi que des caveaux,
demande grâce a mes jarrets que rien ne lasse !...
Oh ! comment étancher ma soif d'espace et d impossible,
et mon angoisse nostalgique, sur ta bouche conquise ?...
Josie, Josie, tes bras n'enchaîneront jamais
ce cœur ivre de confondre sa folie
avec la fulgurante folie des Astres !...

Que ferons-nous, à deux, cloîtrés dans notre amour,
sous le soyeux déchirement des brises printanières,
quand le Soir crépitant d'un désir effréné,
viendra se dégrafer effrontément d'ivresse
et de luxure, en me tendant ses seins tout nus?...

Est-ce un symbole au loin ce grand Fleuve d'argent,
qui sourdement veut étrangler d'une large caresse
la Ville grise et tant vieille, et rugueuse, et fragile,
déjà prise aux nœuds gordiens
de son vaste courant squamé de lunes molles? ..

O Fortune sournoise au clair visage ensoleillé,
Fortune au grand corps hydropique

que ballotte un ressac éternel,
sous tes haillons mirobolants d'azur,
je saurai bien te vaincre et t'acculer
contre les pans pulvérulents d'une ruine,
et te forcer, parmi l'éclair de mes couteaux brandis,
à me livrer enfin le chatoiement magique
et l'illusoire mélodie que font tes astres monnayés
tintant sur le métal bruni des mers !...

A flots, a flots d'amour et par l'ondée sonore
de mille cloches bleues arrosant de bonheur
l'insondable nostalgie des espaces,
je veux que tu me grises en soulevant mon âme
sur l'ivresse infinie d'une marée de roses,
jusqu'au vaste perron d'un manoir fantastique.
Je veux qu'on y déploie au gré de ma faim rouge
la splendeur fumante
d'un festin impossible aux roses gourmandises,
sous les feux entrecroisés des pierreries
et des prunelles jouisseuses, parmi les flammes
lancées en ricochet sur l'eau sereine des miroirs.

— Pour siroter, dis-tu, des vins couleur de rêve ?...
— Non, non, crois-moi, pour avaler gloutonnement
de la joie succulente... car toujours et malgré
les beaux démons jaillis tous nus

et ruisselant de clair-de-lune
hors des breuvages enivrants ...
car malgré tous les crocs et les pinces brûlantes
que les épices plongent dans ma gorge
avec des cruautés de crabes monstrueux,
je veux quitter la table en crachant au visage
des convives muets, et m'en aller ailleurs
avec l'érosion savante du remords,
mes appétits coupés et les balancements
d'une nausée amère qu'il me faudra vomir
bientôt dans la lagune funéraire de la mort !...

« Elle est la ta Josie !... » — « Qu'importe ?... Laisse-la dormir !...
Je viens de boire force lampées d'orgueil
vidant à tire-larigot mon Ame capiteuse...
Pitié !... me voilà ivre et chancelant au point
de courir çà et la aux trousses de mon corps
trébuchant sur la berge de ce fleuve sinistre !...
Là-bas !... les clochers noirs de la ville rugueuse
tâtonnent en plein ciel, s'arc-boutant l'un sur l'autre
pour tâcher d'enfiler au hasard leurs Etoiles,
tels des gamins armés de fourches qui volent des oranges !...

Horreur ! Horreur ! le Fleuve redoutable
étrangle en ce moment la ville
ou dort ta bien-aimée !...

Fiévreusement le Fleuve enlace en ses loves d'acier
la ville aux longs clochers pointus qui tombent dans le noir
avec au bout leurs Etoiles tutélaires
enfilées telles que des oranges fulgides,
déjà pourries, mais bien gagnées.

VIII

L'ENJEU SUBLIME

pour Térésah.

Derechef les vents sauvages donnent du cor,
pour m'inviter à redoubler l'élan de mon galop
et mes glissades endiablées sur les rails animés
qui s'évadent.. et mes dégringolades,
pieds en avant sur mes bottes d'airain,
vers le néant fumeux des prés en contre-bas.

Je sais, il faut que je rejoigne en un coin de l'espace
vos courses désinvoltes, Etoiles, et vous dépasse ;
car vous avez quitté les routes de lumière
qui vous sont coutumières... et vous courez au loin
en agitant vos bras en signe de défi !...
Je vois le grand remous et le ressac qui met en branle
vos cohortes de feu...

Voici vos gestes bleus se multiplient soudain
parmi la sombre architecture des nuages rugueux,
simulant des toits lourds et des porches profonds !
C'est bien là un complot de guerriers maillés d'or
au carrefour houleux d'une cité médiévale,
avec le flux et le reflux des luttes corps à corps,
les cuirasses broyées, les rouges coups de glaive
hachant l'angoisse noire du silence infini.

En avant ! en avant !... par-dessus la rébellion
qui va gagnant de proche en proche vos armées braisillantes,
Etoiles d'or, entendez-vous le grand cri : « En avant ! »
qui vous remet en selle sur le dos illusoire
et parmi la crinière dansante de vos nues ?...
Entendez-vous le cri qui me relance ?... Hola !
hurlez-moi donc !...
Quel est l'enjeu doré que l'on vous a promis,
au fond du ciel ?... C'est donc bien beau, là-bas
où vous courez ?...

La plaine s'est muée en un vaste océan
de brume veloutée et transie de mystère,
et néanmoins mon train plonge avec une mollesse
irrésistible... tout étonné de fracasser
de minute en minute le tambour colossal
d'un invisible pont-levis. Ce sont alors
de grands sanglots d'airain et des sursauts de triqueballes

jetées bas des remparts dans un fossé... Trop tard !..
Mon train dément ?... Allez donc apaiser
la frénésie atroce, les battements de son grand cœur
chauffé à blanc et les râles bouillants de sa chaudière,
et son souffle puissant qui piaule et se lamente
en mouillant les échos avec délicatesse,
d'un nostalgique miaulement de guimbarde !..

Etoiles, mes Etoiles, l'heure est fixée de vos défaites.
Etoiles extravagantes, exultez en liesse une dernière fois !...
Enivrez-vous aux tintements de vos chariots
adamantins, lancez vos attelages de pierreries
sous le drelin-drelin de vos rênes de perles !...

Les Sages vous admirent, l'on vous dit tutélaires ;
mais moi je donnerais mille vies pour vous mordre
et vous manger le cœur en buvant votre sang !...

J'accepte la gageure. Plus vite !... encor 'plus vite !...
et sans répit, et sans repos !... Lâchez les freins !
Vous ne pouvez ?...
Brisez-les donc !... A droite, à gauche,
des moulins noirs, dégingandés, ont tout à coup
l'air de courir sur leurs ailes de toile baleinée,
comme sur des jambes démesurées.

Par les nuages entr'ouverts, la lune verse a flots
ses clairs breuvages de délire et d'amour surhumain,
son véhément désir de bondir glaive au poing
sur des murs embrasés, vers le baiser mourant
des bouches immortelles...
La lune arrose et brûle de vif argent liquéfié
les courbes solennelles d'un paysage illimité,
hurlant de force et de courage
les muscles endurcis des collines rampantes...
Les torrents ne sont plus qu'entre-chocs d'épées nues !...

La lune emplit l'espace d'une immortalité
sublime, où, tout à coup, les montagnes lointaines,
accentuant l'audace de leur pose insultante,
exaltent en plein ciel des visages superbes !...
L'horizon crénelé de roches titaniques
se retrempe avec joie dans une eau d'héroïsme
et les cimes baignées d'atmosphères divines
attendent avec angoisse les pas puissants d un jeune Dieu !...

Mon train se trémoussant, en gavroche folâtre,
jette enfin son chapeau long-pointu de fumée
par-dessus les moulins, pour mieux piquer des têtes
dans l'océan diapré du clair de lune...
Voici, la plaine a des paresses vaporeuses
en s inclinant à la manière enlizante des plages...

O fulgurants essaims d'étincelles vivantes,
dansantes mouches d'or aux élytres soufrés !...
je vous sais gré de mordiller les croupes harassées
de mes wagons fourbus, aiguillonnant l'effroi
et le désir infatigable qui les anime !

Sur l'aplatissement ténébreux de la plaine
défoncée et criant çà et là des cris blancs
sous les rayons acérés des Etoiles...
les Montagnes haussent leur morgue
en soulevant au bout de leurs bras noueux
l'ombre fraîche des vallées, tels de grands manteaux noirs.

Voilà que les montagnes s'apprêtent à lancer
sur ma fuite des manteaux de fraîcheur somnolente...
Là, là, regardez bien, à ce tournant sinistre !...
Vite, encore plus vite... il faut que je m'évade...
flottant avec extase, sur la grisante plénitude
des Astres ruisselant dans le grand lit du ciel !...

O plaines mortes, exténuées sous les poignards
vivants de la lumière,
ô plaines d'ombre bitumeuse que des rayons
criblent sans fin, vous pouvez bien me souffler au visage
la purulente haleine qu'enfante le Remords !...

O plaines molles du passé, trempées de larmes,
hantées par les fantômes voûtés du souvenir,
je vous enjambe, sur mon train empanaché d'orgueil,
et j'ondule en plein ciel, en voguant de concert
avec le rythme impétueux et la cadence
merveilleuse de ce fleuve stellaire.

Qu'importe si mon cœur se lamente essoufflé,
débordé d'amertume et las d'ivresse titillante,
gonflé de joie grossière et pourtant si léger,
si subtil qu'impalpable, à force d'avoir bu
au leurre des vitesses,
vers la vorace nuit de l'Infini ?...
Que ma poitrine éclate sous l'effort de mon cœur !...
Que mon cœur s'élargisse engloutissant et rouge,
tel le baiser voluptueux dont le soleil abreuvera
l'agonie de la terre !...

A ta guise mon cœur désabusé !...
Rien ne doit t'arrêter, malgré l'immense désespoir,
et la fatigue immense. Il n'est plus d'oasis
pour ta soif sur la terre !...

Contemple sans effroi la Nuit voûtée,
drapée dans ses ténèbres tuyautées de longs plis,
qui traîne vers le Zénith
les Voies lactées, comme une énorme nasse d'or

ployant sous la folie et le frétillement fulgide
des étoiles squamées ainsi que des anguilles...
Tu peux bien en manger pour assouvir ta faim !...

Sais-tu que ces étoiles, ces grappes succulentes
de raisins lumineux tous gonflés de jus rouge,
raisins mûris au bas du cep, et crottés de vapeurs
brûlantes qui stagnent à l'horizon,
ces grappes sidérales sont bien plus savoureuses
que toute autre grappe d'étoiles ?...
Voilà de quoi calmer ta soif immémoriale !...

Villes rugueuses et vos ponts noirs aux doigts tremblants,
qui plongent dans la jeunesse tapageuse des torrents...
Villes clouées par la paralysie,
cassant contre les nues par saccades sonores
le front vibrant de vos clochers qui tombent de sommeil ..
ne vous donnez la peine de traînasser bien loin
vos croulantes murailles à mes trousses véloces !

Plutôt reposez-vous et demeurez ainsi,
crochues d'envie et de rancune
fougueusement figées, ivres de haine,
les yeux perdus à contempler les oiseaux migrateurs
qui font des haltes brèves sur vos très longs clochers
pour fienter, et repartir avec le nonchaloir
et les airs dégoûtés de leurs ailes planantes !...

Gai ! Gai ! Chantez, dansez, mes chers désirs suicides !
Hardi, les fiers démons qui pédalez avec furie
en chevauchant a cru les roues géantes
de mon train ! Sus aux Montagnes, sus !...
Il faut les dépasser, car demain le Remords
pourrait bien ricaner et ce serait de bonne guerre.
Car la Mort, pensez-vous ?.. pourrait bien m'empoigner
à la ceinture en me sommant de vider l'étrier !

Montagnes, ô Bétail monstrueux ! ô Mammouths
qui trottez lourdement, arquant vos dos immenses,
vous voilà dépassées, laissées bien loin, noyées
dans l'écheveau des brumes ! Et j'entends vaguement
le fracas ronronnant que plaquent sur les routes
vos jambes colossales aux bottes de sept lieues !...

Eclairs, mes Eclairs, je fais fi de vos coups
de haches violettes, sanglés en plein dans mon cœur noir.
Je fais fi de vos claires détentes sonores !...
Hurrah ! Hurrah ! les Vents, qui me gaffez
d'un coup de gaule au tournant des vallées,
je vous ai dépassés, émiettés ou vaincus !...
Hurrah ! Hurrah ! vaincues ou dépassées,
les Villes mornes crucifiées,
sur les grands bras en croix des routes blanches !...

Vous êtes surpassées, Forêts gesticulantes !...
et voilà que sur l'arc de l'horizon,
la mer fait scintiller son armure lunaire...
Ivresse de plonger parmi l'haleine épanouie
du large, saturée d'au delà !...

Et maintenant à nous deux, beau Destin !
Voilà bien la sublime partie à jouer,
folle partie qu'il nous faudra tabler sur l'immense
tapis du firmament, coup sur coup, à la hâte,
bien avant que l'Aurore tricheuse
ne vienne d'un revers de ses mains écarlates
piper, l'une après l'autre, les étoiles mi-noires
et mi-bleues qui nous serviront de dés chanceux

IX

LE DÉMON CAJOLEUR

pour Giuseppe Giacosa.

O déchirants sifflets, beaux éclairs zigzaguants !...

Sont-ce là des ciseaux phosphoreux de sorcières,
entamant le velours et le clinquant doré
des lourds nuages et délabrant avec ivresse
la palpitante draperie des ténèbres soyeuses,
pour coudre mon suaire ?..

Je vois bien sur les cimes lointaines
des fils d'or ondoyants que des pelotes monstrueuses
dévident au hasard, cependant que le Vent
moelleux au long poil d'Angora
en taquine le bout, de sa patte fourrée...

A grands cris, les sifflets funèbres de mon train
écartèlent sans fin de leurs ongles en feu

le cœur sanguinolent de la machine !...
Mon train va-t-il se désosser pour mieux se mordre
à belles dents crochues, inondant les échos
de sa douleur irréparable et gonflant d'amertume
la nuit ivre des larmes contenues des Etoiles ?..

Ah ' non, plus de sanglots, tu me casses les reins !..
Veux-tu donc, ô mon cœur, émouvoir jusqu'aux pleurs,
les échos féminins connus jadis sur mon chemin,
qui m'attendent encor, à genoux, en prière,
telles des servantes inclinées autour d'une Agonie ?..
Mon agonie dansante et frénétique !...

Mon cœur est débordant, mon cœur ruisselle
d'un orgueil fantasque et téméraire,
empanaché d'une bruyante ivresse,
et frappé de terreur glaciale,
comme un verre de Champagne empoisonné !...

Ma mort ?... vous m'annoncez ma mort ?...
Je sais, là-bas, dans cette ville contractée par la haine,
sous son clocher brandi comme un poing noir,
je sais, dans l'intestin fumeux d'une ruelle,
derrière les vantaux fermés d'une guinguette,
la Mort m'attend — c'est son repaire ! —
La Gueuse décharnée sous ses haillons de brume
est là depuis toujours, accoudée,

tendant au Visiteur prédestiné,
sa face losangée de cendre incandescente,
où pétillent des yeux croupis de pourriture !...

Horreur ! j'ai dans mes os et sur mes joues
le frisson ténébreux d'une accolade funéraire !

Serrez les freins !... les freins rompus ?... que faire ?...
Il faut donc que je livre la frénésie hagarde
de mon train aux glissières hostiles de la voie ?...
Vous voyez bien... comment pourrai-je ralentir
mon élan et le rythme puissant de mon cœur noir ?

J'explore au loin et je vois des Hangars formidables
aux yeux pourprés, arrondis par l'attente,
s'acagnardant en rond dans la gare profonde
sur l'écheveau et les tresses
des rails étincelants...
Les sinistres Hangars oscillent par instant
tels des pêcheurs du Nord au caban goudronné
qui se cramponnent aux rochers, dans l'effort
de tirer leurs grands filets chargés de pêche.

Je sais, vous me guettez sous vos bruissants
chapeaux de tôle, aux rebords plats,
les bras ouverts pour soutenir d'immenses nasses
où, bientôt (je sais bien !...

vous l'espérez !) bientôt, mon train rebondira
absurde et frétillant comme un poisson captif.
Poisson, si vous voulez !... mais rebelle, invaincu !

Quoi, rien ne vous effraie !... Et pourtant mes ouies rouges
soufflent au loin une haleine de forge,
et ces embruns giflants qui tordent vos chapeaux
de tôle sursautante, sauront vous terrasser !...
Eh ! quoi ? ce vent pesant
ne pourra suffoquer vos hans infatigables ?...

Là ! vrai ! je vous admire, ô sacripants raidis
dans l'effort de clouer vos nasses fatidiques
aux rochers du rivage !...
N'importe, car je suis indomptable et je puis
m'assouplir en anguille et glisser à miracle
tout en me faufilant de maille en maille ;
et je m'amuse outre mesure en écoutant
vos grands cris gutturaux de vapeur crépitante !...

Je sens incessamment les mains impatientes
d'un Démon cajoleur, furtif, omniprésent,
qui m'arrache sans effort, de ses ongles dorés,
un œil... mes yeux... mes cils... Délire ! Horreur exquise !...
... Je sens ses ongles qui s'acharnent à polir
la chair de mon visage... Et sa bouche vorace
passe en mangeant mes lèvres ! Ma face est aplanie

comme les Christs sculptés sur les vieux reliquaires,
dévorés de baisers par d'innombrables pèlerins...
Merci, merci, Démon de Frénésie et d'Impossible,
car c'est bien toi qui viens de rassasier ta faim
sur mon visage ! C'est toi qui vêts mon corps
de lèvres invisibles et de narines électriques !..
Grâce à toi, tout mon corps boit, mange et flaire
l'haleine glaciale de la Mort !

Un choc lourd !... un grand trémoussement de charnières !...
Maudite carapace ! Mon train est enchaîné ! Je m'évade
hors du train dont je brise la vitre ainsi qu'un loup
qui file, abandonnant sa queue — objet de luxe —
aux mâchoires d'un piège ! Et j'entre dans la ville...

X

LE VOILIER CONDAMNÉ

pour Paul Adam

Déjà !... Déjà le ciel noir est gonflé du sanglot déchirant
que mon cœur condamné va lancer au Zénith ..
Aube sinistre et macérée d'angoisse !... Aube crispée !...
Le vent, agonisant au carrefour aiguise un râle exténué ..
O vent crucifié sous les clous des Etoiles !...
Les rues se gorgent de foule bitumeuse
embuée de ténèbres, qui semble secouer
péniblement la corpulence des façades.
Et partout la sauvage haleine de la mer
s'engouffre avec fracas, entre-choquant
ses mille têtes aux cheveux droits,
ses mille bras, ses mille voix en vrille. .
et partout la Terreur me talonne l'épée aux reins !

Des panaches croulants de lourde fumée grasse
engluent affreusement la cohue de la foule

qui développe autour de moi ses tentacules
de pieuvre colossale aux ventouses puantes...
Mâles et femelles... ils me ressemblent tous !
C'est toujours toi, Démon des Frénésies,
qui dévoras leurs faces... O la lepre éternelle !..
    Comme moi ? Comme moi !..

Nul ne sentait l'angoisse
et le poignant remords d'avoir ainsi perdu
ses traits . son masque .. son visage,
aux mains d'un inconnu,
pour l'amour de l'Enfer ou du Ciel ?
pour l'amour des Nuages !...

Une femme, voila !... Mes doigts t'ont reconnue !...
Je t'empoigne aux mamelles. Crie-moi donc, ne sens-tu pa
l'horreur de ma face rognée ?
N'as-tu pas le désir angoissant de connaître
le crime, la démence, le désespoir caché
derriere mon front d'ivoire ? .
Car c'est moi le coupable, le condamné à mort
que vous traînez vers le néant de vos vengeances.
L'ignores-tu ?.. Un grand silence... Mes doigts s'expliquent-il
en plongeant dans ta chair ?. . As-tu compris ? ..

Hélas, je ne perçois qu'un lourd clapotement
mollasse de pieds nus sur la chaussée boueuse,
qui semble fermenter de haine sous mes pas...

A droite, à gauche, les murailles des maisons
sournoisement s'évadent parmi la bousculade
des fumées et des flammes... et la foule ruisselle
en sinistre éventail de velours palpitant,
dans l'ombre spacieuse des môles et des quais...
les quais immenses de ce port fatidique !...

Et voici, coup sur coup, les gifles colossales
d'une vague cabrée, empanachée de lune verte,
impriment à la cohue des soubresauts
et des ressacs violents où pivote mon corps...

Horreur !... qu'y a-t-il donc au loin, en cercle autour de moi ?

Ne tremble pas, mon cœur ! .
Etagées aux gradins des montagnes lointaines,
des maisons en descendent, braquant leurs vitres rouges
avec le doux ricanement et le mauvais sourire
de leurs balcons aux vieux balustres ébréchés...

Autour de moi la foule automatique et bitumeuse
se mêle et se confond avec la houle de la mer.

Mais à l'envi partout, des prunelles flamboient,
prunelles vives de maisons qui précipitent
leur galop fantastique, de degré en degré,
du haut en bas de ce grand cirque de montagnes,
pour me voir et me suivre d'un long regard inexplicable.

Les fenêtres clignotent... car l'ouragan redouble !

Le port sombre n'est plus qu'un lâche craquement
de mâtures brisées, sous l'effort des voilures
au ventre déchiré que des griffes saccagent !...
Au secours ! Au secours !... Le vieux port va tordant
sa charpente broyée de cahute fantasque,
mâchonnée par la foudre... Au secours !... La tempête ?...
Ah ! non, c'est un assaut de vagues aux dents de loups !
Des loups exaspérés de faim qui se ruent sur la porte
s'engouffrant par torrents acharnés aux fenêtres !...

Un grand voilier dresse très haut sa taille de squelette
devant moi, sur le môle... Ses os
sont alourdis de cordages pareils à des entrailles.

Accourez donc en foule, ô maisons scélérates,
dont les visages sont creusés de prunelles fiévreuses !...
Arc-boutez donc vos bras et vos toits embriqués,
hissez-vous les unes sur les autres,
pour savourer le spectacle sublime de ma mort !...

Ouragan, Ouragan, aux lèvres torses,
comme les vastes breches que la foudre de Dieu
creuse au fronton des temples sacrilèges,
déchaîne donc, la meute de tes vagues aux dents de loups !...
Hurrah ! je vois la nacre étincelante de leurs dents
qui s'aiguise entamant le môle inébranlable
au seuil de ce grand port, dont les mâtures oscillantes
sursautent en croulant comme des solives carbonisées !...

Hurrah ! Hurrah !.. l'Angoisse des Angoisses
m'étreignant à la gorge, je me hisse debout
sur la haute dunette de ce voilier spectral ..
Enfin, enfin, mon cœur, apprête-toi
à jouir de la fête glorieuse que la Mort ta patronne
va préparant, dans les Royaumes du Néant !...
Mon cœur, fais tes vœux, tes derniers vœux absurdes !...
Sur ma tête, les voiles ballonnent monstrueuses
entrechoquant leurs mamelles et leurs ventres de sorcieres !..
Le môle est dépassé !... Ouragan, tu m'étrangles !...
O Lune verte, ô mystique araignée
dont les pattes laborieuses enlacent mes cordages,
souffre donc que je rende mon âme frénétique
sur ta bouche en triangle ! Bois sur mon front
la griserie et la démence de mon Rêve,
le Rêve est un tourment aux délices divines ..
tourment quand même !... Ouragan, tu m'écrases !

Terreur !... Voici les vagues aux dents de loups !...
Je vois vos yeux de pourpre aiguë !...
Je sens, je sens vos griffes ! Vos dents mâchent mes joues.
Oh ! la douleur cuisante de mourir entre vos dents !
Aïe ! Aïe ! Aïe !... Je vais mourir !... Ma poitrine
est broyée !... Ma carène craque et se lamente !...
Voilures imprégnées d'azur libérateur !..
Voilures enrichies des fleurs de l'horizon !...
O crissante mâture, tu défonces mon corps !
Aïe ! Plus fort ! Encore ! Encore ! C'est ton ivresse,
de me broyer ainsi ?... et c'est la mienne aussi !...
Baisers des vents ! Absolvantes caresses de l'Infini !...
Je vous savoure à pleines lèvres de toutes mes blessures !.,.

Espace ! Espace ! mon Désir fol-nageur,
gai-plongeur, t'embrasse avec fureur
dans l'écume volante et dans le vent rapace.
A moi le rêve engloutissant
et l'ondoyante extase des forêts sous-marines !...
A moi la virginale éclosion des perles !...
Haleine assoupissante entraîne-moi
par les immenses plaines de corail submergées.

Arome des mers nocturnes
déjà frottées d'aurores parfumantes !...
Mélancolie des pieuvres qui dénouent leur sommeil,
en contemplant du tréfonds de l'abîme,

à travers le cristal élastique des eaux,
le lourd soleil levant,
flotter au ras des mers, amolli et vermeil
ainsi qu'un fabuleux nénuphar d'or [1].

Arome évocateur de paradis perdus,
tout mon corps en lambeaux
boit ta vigueur divinisante,
et meurt sans fin, sans fin de toi !..
Aïe !.. Aïe !... Je meurs !.. je meurs !..

VIII

LES CAFÉS DE NUIT

(chant qui finit en prose grossière)

DANS LES CAFÉS DE NUIT

(chant qui finit en prose grossière.)

pour Maurice Barrès.

Quand j'étais adolescent,
je venais tous les soirs mendier de l'oubli
sous des plafonds très bas saturés de clarté,
suivi d'hilares compagnons, bras dessus bras dessous,
avec mes vieux amis fidèles : *les Fumées*,
jongleurs agiles et narquois,
vêtus de bleu et de gris-perle, très habiles dans l art
d'escamoter les apparences par une pirouette
et d'enchevêtrer les fils de nos mémoires.

Tous les soirs, *les Lumières* étaient là ameutés,
parfois blessés à mort, sanguinolant encore
après une bagarre corps à corps avec l'Ombre implacable,
mais s'esclaffant de rire néanmoins et giclant
jusqu'au ciel leurs cris blancs de martyrs inutiles !..

Je leur payais à boire très volontiers,
des tournées de Néant et de Feu en bouteille,
à tous, car ce sont de bons bougres,
tous hardis noctambules qui s'entassent
au crépuscule dans ce beuglant, pour étouffer,
en un complot lugubre, le grand Rêve maudit,
le grand Rêve obsédant et pur des nuits divines.

Car il faut bien étrangler son Rêve quelque part,
au carrefour d'une rue chaude, dans un bordel !...
... Mieux vaut dans un café-concert,
parmi les vastes miroirs fallacieux,
qui savent excuser nos crimes et nos tristesses
en les multipliant !...

Miroirs surgis soudain ainsi que des mirages
de fraîcheur transparente dans le désert
suffocant et nostalgique des cafés nocturnes...
... C'est là qu'on tue son Rêve, pour, plus tard,
aux heures jaunes de l'aube, emporter son cadavre
à pas lents, et le jeter à l'eau, dans un canal
bien noir, tout simplement comme on vomit
son mal de mer par-dessus bord.

Quand on ne le tue pas, il faut le mettre en fuite,
avec de gros fracas en frappant sur la tôle
embrasée de son crâne, comme les Orientaux

qui entre-choquent des caisses à pétrole
pour désenlacer la lune et le soleil
à leur éclipse amoureuse.

Et *les Alcools*, debout, gesticulent autour de vous,
en bedonnant, la face ronde apoplectique,
comme un cul de vieux singe, parlant tous
à la fois, pour avoir tous raison.

Or donc, très doucement, des odeurs visqueuses et grenues
vous palpent les narines, ou, brusquement,
vous tirent par le nez, et l'on vague
on ne sait ou, parmi la bousculade
des Sosies qui vous blaguent dans les couloirs
merveilleux des miroirs profonds.

Alors de lourds orchestres se ruent dans le tas,
comme des hordes de nègres, avec des hurlements
sauvages et des jets de salive à la fente des dents,
et des tam-tams précipités, et des plumes bariolées,
plantées droit, dans leurs cheveux crépus !...

Et dans la nuit touffue de leurs visages,
de seconde en seconde, au rythme de la danse,
le grand éclair déchiqueté de leur sourire
de neige étincelante !...
Voici que les gambades des orchestres s'embrouillent

dans mes nerfs, si bien qu'elles vacillent
et se culbutent, piquant des têtes impossibles,
pliés en deux, par-dessus des ponts noirs.

Oh!¹ les cafés-concerts de ma jeunesse,
où je traînais mon Ame chancelante
comme l'on traîne, suspendu au bras, après l'orgie,
un ami ivre-mort, pour le coucher
sur un vague divan !...

Nous étions attablés, tous les deux,
mon Ame et moi, très avant dans la nuit,
pour attendre la Joie, et nous sentions plier
nos genoux, sous le poids d'une infinie tristesse
qu'on eût dit millénaire,
avec autour du cou de pesantes étoles d'ennui,
courbés ainsi que de vieux prêtres, las, très las,
de sacrifier à notre antique idole.
Oh ! le frisson de nos deux bras, qui soulevaient
entre les doigts branlants, vers le plafond,
les coupes funéraires : absinthe ou rhum !...
et les breuvages miroitaient féeriques,
égrenant leur ombre et leur phosphore
avant d'absoudre nos remords ! ..

Et voilà que soudain sur nos pâleurs,
les lampes électriques brandissaient leurs cœurs blancs

qu'elles serraient entre leurs doigts de fer,
jusqu'à les faire crier expumant de laits bleus.
O pauvres cœurs blessés des lampes électriques...
ô cœurs de feu meurtris, souffrant mille blessures,
sous mille poignards indifférents et placides,
poignards chauffés à blanc !...

Et ces poignards de clarté se tournaient contre nous,
clouant nos volontés hypnotysées,
sur les divans profonds dont la chair écarlate
ruisselait de laves, comme un couchant endolori
d'automne aux voluptés cuisantes et nostalgiques.

Parfois les lampes électriques versaient dans nos cœurs
d'aveuglants clairs de lune acides et corrosifs,
où nos profils, nos luxures et nos désirs métallisés
parurent tout à coup ciselés dans la nacre
et l'acier rutilant.

Un soir, je m'en souviens, sous l'étouffant plafond,
de vieux Soleils désespérés roulèrent avec fracas
dans les décombres de nos tristesses,
comme au fond des carrieres abandonnées qui brûlent
parmi des tourbillons foudroyants de poussière !...

Alors mon Ame, accoudée près de moi,
pressant sa poitrine à deux mains

et secouant sa tête lasse,
commença de pleurer, lamentable et vaincue
comme un chien écrasé sous les pierres...

Et je lui dis : « Mon Ame, pauvre Ame, que veux-tu ?
Quel nouveau chagrin, quelle peine inconsolable?... »
Et lentement mon Ame soupira sa plainte
de sa voix noire cassée par de lointains sanglots :
— « Tu sais la Femme en fleurs, aux lèvres de parfums,
la Femme aux yeux engloutissants d'azur,
que j'aime et que j'attends depuis l'espoir de vivre,
depuis la faim d'aimer et de jouir,
la bien-aimée que les Etoiles m'ont promise
jadis sur les beaux lacs de ma jeunesse
pleine de ciel !... Oh ! je voudrais ce soir
m'agenouiller devant elle et guetter son sourire
comme en rêve, nous guettions autrefois,
du haut de la falaise,
l'heureuse éclosion des astres sur la mer...
Mais Elle ne viendra pas, la Femme en fleurs,
aux lèvres de parfums !...
Peut-être des sorciers l'ont capturée sur les chemins !...

Zigzaguez ! zigzaguez, archets infatigables,
archets fiévreux que la démence enchaîne aux violons,
tanguez fougueusement sur le cœur des violons !...
en délabrant mon Ame, archets vibrants et disloqués

qui sursautez plus rouges que des martyrs
écorchés vifs, cloués en croix !...
Oh là, là ! Attardez-vous donc, les mains perdues,
à épuiser sans fin les très lasses mamelles,
les mamelles taries des bêtes en agonie,
pour en tirer, pour en tirer de la souffrance !...

En un terrible cauchemar, voici,
l'orchestre se gonfla comme un dos de baleine
avec un lent déferlement de nostalgies amères...
Alors des rosses gigantesques commencèrent
à gravir la rampe d'un calvaire exécrable,
calvaire intime qui se dresse en ma chair !...
Elles piaffaient dans mon sang, les rosses fantastiques,
en montant sur la rampe de mon passé !...
Leurs croupes montueuses et squelettisées
cliquetaient comme de géantes panoplies !...
Enormes, leurs os presque jaillis du derme
supportaient la peau vaste, comme un manteau tendu
et soulevé sur la pointe des lances...

Les cavales monstrueuses des orchestres
piaffaient en mes nerfs comme en de lourds cordages
sur le pont d'un navire que secoue la rafale !
Et c'était mon effroi grandissant...
... c'était mon épouvante quand les cavales bondissaient
feignant à tout moment de sauter

par-dessus bord dans l'immense naufrage !...

Je tremblais à sentir des mains onglées de glace
qui peignaient, à petits coups, mes cheveux roides.

Mon âme près de moi, les yeux noyés de rêve,
marmonna comme une mendiante hallucinée :
— « Vois-tu ? ce breuvage a la suavité grisante
d'un crépuscule ardent, où lentement verdit
et se nuance un beau visage en agonie !...
C'est par un crépuscule aussi doux que je rêve
de la voir apparaître, venant vers moi les bras tendus. »

Alors sur nos deux pâleurs cadavéreuses,
sur mon Ame et sur moi, les violons immensifiés,
arquant la croupe de leur son,
soufflèrent comme des chats la haine acide
et jaune de leur gorge baveuse...
Et mon Ame exaltée cria d'une voix sourde :
— « Ami, ami, regarde !... ne vois-tu pas
une île rouge, ardente, ensanglantée,
s'éclore par miracle ainsi qu'une blessure,
sur la mer d'améthyste ?... une île enclose aux mailles d'or
d'un soir pur qui défaille sur les eaux ?..
Ne vois-tu pas une île en feu qui se balance...
comme une vaste rose veloutée ?...

Ses rives sont des pétales colorés de carmin
qui semblent vivre et palpiter sous la caresse
langoureuse des flots. .
Vois ! les rives s'embrasent à mesure
que le vaisseau s'approche...
L'île est capitonnée de verdures épaisses...
L'île ruisselle de gommes et de laques roses,
qui teignent nos cordages.
Ne sens-tu pas ?... l'air crépite et brûle comme un encens.
Des vapeurs fades et dorées de miel
emmitouflent les arbres sur la plage !... »

— (« *Quelle est la brute ou le salaud, qui vient de bousculer ma table .. cré nom de nom ? .. »*)

. . « Ami, regarde ! le Soleil écarlate agonise...
sous un plafond de nuages... Le Soleil est broyé
à mi-corps sur l'horizon ainsi qu'une guinguette
borgne aux rideaux rouges allumés...
Le couchant n'est plus qu'un coupe-gorge
à demi-enterré, sous le pavé montant de la mer qui oscille. »
— (« Dieu ! le roulis s'accroît et je chavire
dans la nausée impure d'une absinthe infernale...
L'on a pétri, bien sûr, des os de vieux démons,
pour distiller cet élixir d'oubli ! .. »)

« En un grand cri de rage, le Soleil a râlé
sous le pesant plafond de nuages, là-bas. .
Ces nuages suiffeux ourlés d'orange

et tous feutrés de pavots,
qui lentement assoupissent l'île heureuse !...
Je me souviens, je me souviens d'avoir vécu jadis
dans quelque vie lointaine, sur les sables vermeils
de cette île qui clôt, une à une,
les paupières brunes de ses chaudes verdures !...
Je me souviens d'un soir aussi inconsolable et pur !...
Il est trop tard, hélas !... ma bien-aimée
aux lèvres de parfums ne viendra plus,
car c'est l'heure où les serpents
tapissent les sentiers en fleurs de l'Ile heureuse !... »

Un certain soir d'Automne, crispé d'angoisse amère,
j'avais conduit mon Ame ainsi que d'habitude
en un café de nuit... Mon Ame ? Elle n'avait rien bu ..
Elle chancelait pourtant comme un ivrogne ;
mais vous savez qu'il faut bien peu de chose pour la griser.
Quelques heures de solitude et la voilà partie !...
Nous entrâmes .. Suspendue à mon bras,
floche et disloquée comme un fantoche,
mon Ame se penchait, à droite, à gauche, battant l'air
de ses bras, accrochant les tables et les passants !...

 Un Monsieur (*bouscule, levant la canne*). — Eh ! dites donc ?...

 Mon Ame (*chantonnant*). — Tra la la !... Tra la la !.

Moi. — Excusez donc, monsieur, je vous prie... Mon ami est un peu gris.

Le Monsieur (*furieux*). — Fichez-moi la paix!... Allez donc promener ailleurs votre ivrogne...

Moi (*a mon Ame*). — Voyons... assez !... C'est idiot ce que tu fais là... Tiens-toi debout et tais-toi ! C'est bête de me fourrer des affaires sur les bras. . Tais-toi, ou je te lâche en plein café...

Mon Ame. — Oui, oui, tu as raison... Mais vois-tu, est-il permis d'avoir une tête pareille ?...

Loulou, une très jolie fille, nous appelle d'un geste, à sa table... C'est la maîtresse de mon Ame : l'air très comme il faut, vêtue de noir, bouche en cœur, prunelles jouisseuses. Elle minaude avec grâce sous de lourds cheveux noirs qui enténèbrent délicatement la pâleur de son visage.

Loulou. — Mes amis, asseyez-vous donc, je vous prie (*à mon Ame*); comment ça va, chéri?... A propos, j'ai lu ton nouveau poème.

Mon Ame (*grincheuse*). — J'en suis désolée, ma chère... Tu n'y as rien compris, naturellement. Trop bête pour ça !

Moi. — Voyons, pas de grossièretés. Tu ne devais pas lui donner tes vers à lire... Mais allons, fichez-moi la paix avec votre sacrée littérature ! Soyons gais et faisons du boucan... Connais-tu Rosina ?... la divette ?... Exquise ! Elle chante à ravir...

Mon Ame. — Alors, tant mieux. Vive Rosina ! vive Rosina !...

Ohé !... Chahutons... vive la joie et au diable la littérature ! Holà ! Holà ! Du boucan, mon ami, faisons du boucan !... (*mon Ame halète, les yeux hagards embués de sang sous les paupières frémissantes*)... Je m'en vais renverser la table... tu vas voir. Ce sera très drôle. Patatrac !... C'est fait... Il faut que tu chambardes, toi aussi !... Ah !... voilà Rosina ! Schutt !...

Mon Ame, accoudée, regarde la scène fixement, mais lentement prise de sommeil, elle abandonne sa tête sur ses bras croisés. L'orchestre tombe aussitôt sur nous en frappant, à grands coups d'archet, dans le tas, avec des allures indignées et ridicules de Jésus fustigeant les marchands au temple..

Moi (*a mon Ame*). — Tu dors ?... Allons, réveille-toi ! Comment trouves-tu Rosina ?... (*au garçon*) Trois pernods !. .

Loulou (*en me faisant de l'œil*). — Dites, il y a bien longtemps qu'on ne vous voit !... Il n'entend pas (*me montrant du doigt mon Ame endormie*)... Venez donc me voir... Il n'est jamais là. Si vous saviez comme il est ennuyeux ! Vous viendrez, n'est-ce pas ?... Quand ça ?... Vous me direz des choses très gaies et nous nous amuserons beaucoup, je vous le promets ! Mais .. schutt !...

Moi. — Entendu, Loulou !. .

Et je réponds à son œillade par un regard très langoureux, tout en songeant que c'est ignoble de trahir ainsi, sans plaisir, mon meilleur ami, mon Ame, avec cette fille qu'il a tort d'adorer !.. Bast ?...

. . . .

Des copains entrent dans le café : l'un deux frappe sur l'épaule de mon Ame qui se réveille en sursaut.

Le Copain (*à mon Ame*). — Tu sais, Loulou m'a passé ton poème... Elle m'a dit que cela ne veut rien dire !...

Mon Ame. — C'est une sotte !... D'ailleurs, c'est pas la peine que tu le lises; tu n'y comprendras pas un traître mot !

Les Copains (*en chœur*). — Là, là !... Loulou a raison... Nous sommes de son avis ! Ton poème n'est pas intéressant !... Tu as fait mieux que ça !...

Mon Ame. — Crétin !

Les Copains (*en chœur*). — En voilà un poseur ! Tu es bien grossier ce soir, mon ami !

Mon Ame (*je le tiens cloué, contre la table, par les épaules ; et néanmoins, le visage congestionné, les yeux exhorbités, haletant, il hurle*). — Oui, oui, vous êtes tous des crétins, des imbéciles !... L'Art, la Poésie, vous ne comprendrez jamais rien de tout cela !... D'ailleurs, je suis un grand Artiste... J'ai du génie, je vous méprise tous... et je me fiche de vos jugements !...

Moi (*à mon Ame*). — Allons ! tais-toi, voyons, tu es fou ! Veux-tu bien te taire ? C'est bête ce que tu viens de dire là ! Après tout, ils n'ont exprimé qu'une simple opinion... Ils ne t'ont pas insulté, que je sache ? Ils trouvent que tu gâches ton talent à chercher des choses sans importance ?... Chacun son idée. Tu t'en fiches... et c'est fini !...

. . . . . .

« Au fond, mon Ame, tu sais bien que c'est peu de chose que d'avoir du talent, du génie même, devant notre Idéal à tous : le Bonheur absolu, la Joie apaisante... Tout se tient : les génies et les imbéciles se donnent la main pour danser en rond, dans les Ténèbres, sous l'Infini muet et goguenard !... La beauté de l'Art et l'idiote Réalité sont également frappées d'impuissance et de stupidité devant l'immuable misère de nos destinées et l'absolu irréalisable !.. Il n'est rien de plus ingénu que de vouloir atteindre et fixer... l'Absolu, en amour comme en littérature, par la luxure, par le verbe ou par le silence. Tu m'écoutes ?... Eh bien, raisonnons un peu ! Veux-tu qu'on apprécie ton art, ou qu'on le méprise ?.. J'entends : la foule, la majorité, les crétins ! Veux-tu être compris ?... Non, je le sais bien, l'Art suffit !.. L'ivresse de créer de la Beauté..... Alors, mon Ame, il faut cracher crânement sur la vie, la Gloire, les femmes, l'Amour, et rester seul !... Seul ? non, pas absolument !... il faudrait concilier, car... car... Je comprends parfaitement. L'Art est insaisissable et lointain comme une Etoile ; et c'est bien triste d'adorer une Etoile ! De plus, il faut assouvir son orgueil par de la domination : donc il te faut de la Gloire immédiate... des femmes offrant leurs lèvres

« Tu trouves donc, comme moi, que c'est bien fatigant de créer toujours, bien fatigant de comprendre tout et toujours ?... On reste à moitié chemin, quand même, n'est-ce pas sur le calvaire de l'impossible perfection artistique ?...

Et puis, songes donc... Nous mourrons malgré notre génie. L'on nous oublie bien vite !... Les chefs-d'œuvre s'effacent après des siècles . . . .

. . . .

« Quant au bonheur, il appartient aux médiocres et aux imbéciles... Leur vie coule avec la plénitude heureuse et rassasiée des grands fleuves qui s'enfoncent paresseusement à l'horizon. Leur courant transparent et calme n'a pas de couleur ou de lumière personnelle, et charrie inconsciemment vers l'inconnu de la mort, d'innombrables reflets de paysages renversés et devenus absurdes ..

« Tout le bonheur est la, et il ne faut pas le mépriser. Rien n'est plus triste que de tout mépriser avant d'en avoir joui, car c'est décidément une infériorité que d'être inassouvi... fût-ce même d'Idéal !...

« Tu es aussi ridicule, vois-tu, qu'un grand roi déchu. . et tu vas promenant tes torches braisillantes, tes pourpres somptueuses et tes fanfares résonnantes . en un pays de sourds et d'aveugles !...

. . . .

« Et cette pauvre Loulou ?... tu as bien tort de l'insulter parce qu'elle t'a dit une sottise. Quelle folie que d'exiger toujours et de tous de l'intelligence ! Sa niaiserie est parfaitement en harmonie avec le jeu de l'univers ! C'est toi, mon Ame, qui choque, bouscule et dérange l'ordre !... Ton génie est tout à fait inconvenant.

« De plus, Loulou est charmante et t'aime bien... tu sais,

de ne pouvoir te passer d'elle... Souviens-toi, mon Ame, que par des nuits de novembre, une de ces nuits lugubres et transies d'étoiles grelottantes, où l'orgueil du Génie croule tout à coup dans le néant, une de ces nuits haineuses et rancunières où le courage et la force s'émiettent par enchantement... souviens-toi, mon Ame, qu'elle a su pacifier ton pauvre cœur d'une seule caresse — moins encore, d'un seul sourire !...

« Tu sais aussi qu'il fait bon d'avoir, dans sa chambre tiède et close, la douce jeune femme aux lèvres printanières qui lentement se dégrafe et se déshabille pour toi, seulement pour toi, près du grand lit protecteur, et absolvant tous les remords !

« Calme-toi donc !... Tu viens de faire des folies impardonnables... Eh! bien, il faut que tu fasses tes excuses et que tu demandes pardon à Loulou... »

Mon Ame me regarda gloutonnement avec des yeux féroces, et je sentis qu'un désir trouble et rouge la traversait de part en part : désir de me tuer net pour se débarrasser de mes sermons !... Car il faut être profondément liés d'amitié pour se haïr parfois de toute sa force et vouloir s'entre-manger le cœur avec délices...

Puis, tout à coup, mon Ame éclata en sanglots...

Moi. — Voyons, ne pleure pas ! N'y pense plus. Fais tes excuses à tes amis, et tout sera fini.

Mon Ame. — Mes chers amis, pardonnez-moi mes grossièretés et mes outrages Je suis malade, ce soir, et très ner-

veux. J'ai mal ici tout près du cœur... très profondément ..
Je suis peut-être fichu !...

Moi — Voyons là, copains, faites la paix et que tout soit
oublié !. . (*à mon ami*) Viens donc ici, ne pleure plus !
Donnez-vous la main... c'est ça ! Bravo !

Loulou. — Mon petit chéri (*en caressant mon Ame*) em-
brasse-moi sur la bouche... comme ceci !... Tu trembles,
pauvre mignon ?... Tu as la fièvre ? Tu viendras chez moi ce
soir... je te soignerai !...

Alors mon Ame, ivre-morte d'angoisse et de tendresse,
éperdument pleura, comme un veau, dans les bras de Loulou. ...

Cette nuit-là, mon Ame couchait donc avec Loulou !... Je
les ramenai chez elle ; sur le seuil, mon Ame chancelante me salua avec un léger sourire de triomphe. . car, au
fond, voyez-vous, elle est trop bête, mon Ame !...

IX

LE CHANT DE LA JALOUSIE

LE CHANT DE LA JALOUSIE

I

SUR LA PLAGE

pour Giuseppe De Rossi.

O ma Julie, ne livre point tes paupières
et toute ta désirante chair que j'adore
aux voraces baisers du sommeil !...

Je vois tes hanches ruisseler d'une grisante
sueur parfumée, tels les flancs arrondis d'un vase,
qui déborde de miel ou d'onguent précieux,
et j'ai la sinistre frayeur de te voir endormie !
Secoue plutôt ta nonchalante chevelure
pour qu'elle s'épanouisse autour de nous
comme une nasse d'or à capter le Soleil !...
Ouvre tes bras plus floches que des pétales
agonisants de magnolias ....

Écarte un à un les somnolents pavots
qui engluent ta nudité sur la plage vermeille !...
Ne dors pas, ma Julie, car un Dieu viendra
te posséder en ton sommeil, un Dieu casqué de feu
dont le torse est fleuri d'amoureuses prunelles !...
Je griffe l'air qui t'entoure, car je vois haleter
ton corps blanc qui s'enlize
aux sables frais et lisses de l'oubli.
Je vois ta chair grande ouverte et tout abandonnée ;
hélas !... ta chair priante implore son baiser !...
Je le sens, ton corps s'est creusé d'une ornière profonde
pour accueillir les roues dentées de son spasme puissant.

Ah ! qui pourra me délivrer du doute ?...
Ah ! le mystère effrayant de ton sommeil !...
C'est midi, je le sais, le plus clair et transparent midi
de la terre, et pourtant, la Nuit pesante,
la Nuit toute veloutée de plumes
rampe sur mon âme sans bruit !...
Ah ! toujours, des lèvres ténébreuses boivent nos baisers
en nos plus étincelants midis !...

Tu abandonnes doucement ta croupe molle
entre mes bras ; ta taille délicate s'alanguit
entre mes doigts..... et mes doigts jouent innocemment
sur tes côtes mignonnes ...
Tu as de craintives implorations

en tes prunelles pleines de silences bleus !...
Hélas ! c'est bien simple, tu ne veux que dormir
et t'en aller à la dérive, loin de moi,
sur la grande berceuse des mers,
vers tes sommeils lointains.....

Matelots et Pêcheurs, habitants des rivages,
mes dents claquent d'épouvante ! Secourez-moi,
car des mains de glace fouillent incessamment mon crâne
sur cette plage maudite, que la flamme
éternelle et l'attente suffoquent !..
Le sable se gonfle autour de moi,
ainsi qu'une poitrine immense et velue d'étincelles.
Regardez, là-bas, dans le giron des golfes,
le vent soulève et roule des grains de sable monstrueux
tels des quartiers d'étoiles !...
A-t-on broyé des astres incandescents
pour dresser une falaise d'or infranchissable
devant la galère du Dieu ?..

O Julie, ô fleur charnelle, ne dors pas, ma Julie !..
Ne sens-tu pas que j'en meurs ?...
Je suis pareil aux chiennes rauques qui hululent
étreignant leurs petits au fond des crépuscules d'hiver,
devant la mer et ses clameurs et ses ravages sataniques.
Oh ! les griffes de mes doigts !.. car je t'aime
comme une chienne aime ses petits...

Il me semble que tu sois sortie de mes entrailles !...
Oui ! C'est moi qui t'enfanta, moi qui t'enfante sans cesse,
en mes fauves baisers !... Je t'ai tirée de mes entrailles,
et j'ai pour toi le délire effrayant d'une mère
dont les flancs se déchirent quand tu tressailles,
mignonne et turbulente, entre mes bras,
O ma Julie, ô toi qui passes en mes veines béantes,
comme un tison aux brûlures de miel !...

Je sais que tu attends le Dieu obscène ;
et je te vois trembler d'un frisson inconnu de moi-même.
Oh !... ces spasmes doux sur tes lèvres mi-closes
ne m'appartiennent pas !... et ta salive de plaisir,
a qui la donnes-tu en ce moment ?...
Certes, l'ombre bleue qui s'accumule
sous tes cils est l'ombre même de ton Dieu.
Oh ! mille fois damnée chair de ma chair !...
Non, non, il ne t'aura pas, car je veille
sur la plage et nul ne te prendra !...
Mes dents et mes griffes crochues rutilent au soleil ..
Mes dents seules vivent encor sous mes deux lèvres mortes!...
Réveille-toi ! Réveille-toi !... Je ne veux point
que tu t'endormes, puisque tu m'appartiens,
depuis le jour où tu me fis l'aveu humide
de ton plaisir entre mes bras...

II

LE RÉVEIL DE JULIE

pour Jean Dornis.

Ivresse et joie profonde !... Ma blonde bien-aimée
s'est éveillée, mi-nue en sa robe verte de baigneuse,
qui lui gaine le corps jusqu'aux mollets roses...
Elle rampe lentement sur les genoux
vers la fraîcheur de l'onde,
bombant sa croupe; à quatre pattes
comme une chatte.
Puis repoussant la terre de ses poignets menus,
elle se dresse cambrant sa taille qui tressaille,
dans le soleil, et son chignon de feu vermeil
flambe ainsi qu'une couronne d'or barbare.

Voici, ma blonde bien-aimée descend indolemment
à pas rythmés, sur le rivage, dans l'écume des vagues
qui baguent à petits coups ses pieds frileux...

de perles nonchalantes !..., et je la suis.
Elle enfile d'un geste agile l'anneau de sauvetage,
puis elle y dispose ses hanches avec paresse,
comme au creux d'une blanche corbeille.

Alors, grisé par le coup d'aile de ses grands cheveux d'or
qui se déchaînent tel un incendie sur les flots,
je nage sur le flanc, par brassées véhémentes,
et déchirant, tête en avant, l'écume qui se froisse
dans le flic-flac empanaché des vagues,
je traîne à l'Inconnu la nacelle chimérique
au bout du bras tendu comme un cable en arrière.

Oh ! rien n'égale la douceur nostalgique
de son visage ardent et pâle, et l'idéal
balbutiement de ses paupières en prière !...

Car tu connais, ma bien-aimée, le délire fantastique,
le souffle tout-puissant qui m'empoigne aux entrailles
dans le miroitement ensoleillé des mers !...
Car tu connais le spasme grandissant et cadencé
qui me relance de vague en vague mélodieuse
parmi la symphonie submergeante des eaux,
vers le gouffre divin d'un impossible accord
avec Vous, Soleils hallucinants !.....
avec Vous, Mers moins vastes que mon Ame !...

Soleil acharné comme un taon monstrueux
dans la crinière flamboyante de la mer !...
Mer de lave aux forcenés bouillonnements !...
..... et ton corps, ma Julie, à jamais entre nous !...

Soleil au ventre éblouissant comme une idole Hindoue !...
Mer aux flots terrassés rampant d'effroi à l'infini,
comme un chemin d'esclaves à genoux !...
..... et ton corps bien-aimé à jamais entre nous !...

Oh ! rien n'arrêtera mon élan vers la Mort !...
Soleil dévorateur, étouffez-nous
entre vos bras incandescents !...

De tout l'essor de vos innombrables encensoirs d'or,
Mers, soulevez-moi ! lancez mon âme consumée,
telle une vapeur d'encens, vers le Zénith !...

Soleil, porteur de torches incendiaires,
qui va boutant le feu aux cimes des montagnes
pareilles aux remparts crénelés de la terre !...
Mer aux mille bras gesticulants d'ivoire !...
..... et ton corps bien-aimé à jamais entre nous !...

Nous atteindrons ainsi les confins de la Mer.
Alors nous inclinant à pic sur l'infini,
parmi l'éboulement nocturne

des Constellations sublimes
croulant en avalanches vaporeuses,
nous verrons, dans l'abîme insondable des Nuits,
la face lunaire de la Mort ..

Mais tu trembles, Julie !. . et tes deux mains tendues
supplient la Mer et l'Inconnu d'être cléments !...

La voix de Julie.

— « O mon Amant, où veux-tu m'entraîner ainsi ? ..
Arrête-toi, nous sommes bien loin des rivages,
perdus sur la mer embrasée .. donne-moi, donne-moi
tes lèvres roses à baiser voluptueusement
pour que mon cœur somnolent s'y repose !

III

EN PLEINE MER

pour Decio Cinti

Je te possède enfin vivante, mienne et réveillée !...
Te voici dans mes bras, suspendue comme au creux
d'une corbeille qui se balance, sur la mer, en silence.
Ne tremble pas, car ce sont les vagues de mon cœur !...

J'ai glissé un de mes bras sous tes cuisses soyeuses...
le sens-tu, ma Julie ?... tandis que l'autre enlace
ta croupe agile qui s'arrondit..... Es-tu heureuse ?...

La voix de Julie.

— Oh ! tout ce qui me vient de toi, me donne du plaisir..,

Ma voix.

Tu plies la tête en avant pour atteindre mes lèvres,
et tes bras emprisonnent mon cou... et j'effleure

tes lèvres de mes doigts... Heureuse ?... es-tu heureuse ?...

Tu mordilles et tu suces mes doigts avec paresse
langoureuse !... et ta langue sèche et rêche de chatte
les lèche à petits coups...
Voici, tes yeux se ferment innocemment, sous tes paupières,
comme sous des feuilles trempées de rosée...
Tu sens tes moelles fondre, dis ?... ô ma Julie !...
Donne-moi donc ton âme en me livrant
la joie humide et chaude de ta chair !...

. . . .
Ton âme ! Ton âme ?... qu'as-tu fait de ton âme ?
. . . . . .
Oh ! certes, ta chair profonde est pleine
d'ombre fraîche et bleue comme un sous-bois d'été !...
Mais ce sont mes doigts seuls que ton corps remercie,
et mes doigts sont si loin de mon âme !..
Il me semble que je mettrais des siècles
pour atteindre ma main et mes doigts traîtres !...
Je ne sens plus mes doigts : ce sont des étrangers !...
Tu as tout oublié, mes yeux, mon âme et mes deux lèvres,
et tu leur préfères mes doigts, car ils te font mourir,
cruellement mourir, avec une lenteur sinistre !
Ils coulent dans tes veines des breuvages délicieux,
ils gonflent tes mamelles d'un lait d'or
et tu sens, dis-le moi, des fleurs chaudes et humides
s'éclore entre tes cuisses, dis-le moi, ô Julie, dis-le moi !...

Non, non, je ne veux plus, entends-tu ?...
que tu leur appartiennes, à mes doigts, à mes lèvres,
à mes yeux !... non, non, mais à mon Ame !...
Tu n'auras plus l'exécrable caresse,
car je me meurs de jalousie, devant tous les amants
que j'ai conduits chez toi en te donnant mon corps !...

IV

LES AMANTS DE JULIE

pour Luigi Barzini.

Hélas ! de fiévreuses vapeurs rampent sur les fanges
brûlantes de la mer. Je sens mon corps putréfié,
qui se dissout !... Ma vue se brouille et mes yeux saignent
sous les clous du soleil.
Oh ! oui, c'est bien mon corps qui bondit
dégingandé, comme un squelette, dont les morceaux
s'éparpillent en dansant la gigue autour de toi !..
Autour de toi, mille os pourris aux ventouses puantes...
. . . .
Ce sont là les tronçons de mon corps
tout alourdis de vers noirs et velus...
Ils montent à l'assaut de ta beauté superbe !...
Acharnés, ils bataillent pour conquérir ta nudité,
et s'abreuver de ton amour !...

Voici, voici, mes doigts... (ne tremble pas, car je suis calme
à contempler mes doigts lointains comme on surveille
un convoi de fourmis !...) voici, mes doigts
tous seuls, ont pénétré entre tes cuisses !...
Oh ! combien tu tressailles de voluptés profondes,
ton ventre rond ruisselle de sueur et sursaute !...
Je vois déjà sur ton visage les ombres vertes
qui marbrent les cadavres...
C'est donc bien doux ce qu'ils te font éprouver loin de moi ?

La Haine, la Haine épouvantable et la Discorde
se déchaînent dans mon corps !...
Tous mes membres s'entremordent,
tandis que tu te livres à mes doigts scélérats !...
Ce sont eux les vainqueurs ! ils sont plus forts
que mes lèvres et plus forts que mon âme,
les doigts... mes doigts que tu adores !...
Moi-même, que veux-tu ? je suis lâche devant eux,
je ne saurai les arrêter ; je les regarde,
tandis que violents et désespérés, ils s'acharnent
à t'épuiser de volupté !... vite.. toujours plus vite,
avant que les autres n'arrivent ..

Ils se hâtent ainsi que des voleurs.
Ce sont là des grotesques intrus... des étrangers pour moi.
Ce sont les doigts d'un autre, les doigts d'un mort !...

Hélas! ne sommes-nous pas déjà morts, putréfiés,
comme eux?... car la division règne en moi,
comme parmi les vers d'un charnier !

Vois-tu, ma bien-aimée, mes lèvres, mes oreilles,
mes yeux *entendent*, *regardent*
et *surveillent* mes doigts en *rugissant !*...
Des abîmes séparent nos membres,
et quoi que nous fassions, nous ne serons jamais seuls !...

Trop tard, hélas !.. Je n'atteindrai plus mes doigts lointains,
qui te caressent victorieusement !...
Comme tu halètes de plaisir !..
Jamais tu ne fus plus épouvantablement heureuse !...

V

COUCHÉS SUR LE SABLE...

pour Gustave Botta

— Oh ! qu'as-tu, mon amant ?...

Ma voix

— Non, tu n'auras plus la caresse de mes doigts,
tu n'auras plus mes doigts, car je me meurs de jalousie.
Ils sont dix, ils sont mille, les amants qui te cherchent !
Dis-moi, crie-moi sur la bouche celui que tu préfères.

La voix de Julie

— Oh ! j'aime agoniser ainsi sous tes doigts fins,
qui sont de délicieux petits poignards
dans l'amoureuse blessure de ma chair...
Mais je préfère m'endormir sans fin entre tes bras,
car le Soleil a mordu mes paupières !...

Ma voix

— Debout ! debout !... je veux que tu te dresses avec de l'air

libre et pur autour de toi, car les Dieux des midis
rôdent dans les futaies étincelantes du ciel.
Ils t'enlaceront de leurs beaux bras puissants,
pareils à des colonnes torses Byzanthines,
leurs bras glissants et chauds plus forts que des boas.
Puis, ils coucheront ton corps nu, pour le violer
dans les sépulcres d'or massif de ton sommeil...
et ouvriront tes cuisses de leurs genoux d'airain !...
Dis-moi, dis-moi, Julie, la splendeur fascinante
de ton Dieu, le Dieu que tu attends sur cette plage,
dis-moi, pour que j'en meure !...

VI

LE SOMMEIL A DES SÉPULCRES D'OR MASSIF

pour Giannino Antona Traversi.

— Bientôt le soleil baissera
et l'eau verte du soir coulera sur tes épaules.
Tu seras délivrée de leurs désirs... et tu te coucheras
nonchalamment, sous les cils bleus des nuages,
et le couchant disposera en oreiller sous ton visage
ses plumages trempés d'oubli et de fraîcheur !...
. . . .
Enfin ! Enfin ! je te possède ! Mon âme est victorieuse !...
. . . .
Tout à l'heure, vois-tu, il me semblait d'être penché
au parapet d'un phare, à pic sur les flots noirs,
explorant ton sommeil aussi impénétrable
que la mer taciturne par les nuits sans étoiles.
Est-ce le bruit d'un naufrage qui monte ? m'écriai-je,

Mille désastres sur des roches invisibles !...
Et quel fracas dans ton cœur insondable !...

La voix de Julie

— Le sommeil clôt ses ailes de velours sur mon âme,
je sens de l'ombre bleue sur les lacs de mes veines.

Ma voix

— Oh ! prends garde aux vampires
qui feutrent de leurs ailes les sépulcres du sommeil.
Je te vois toute langoureuse, alourdie de sèves
et d'oubli, pareille aux navires
dont les voiles tombent de sommeil dans la lumière,
les navires dont la quille est trop pleine...
Tu voudrais déposer ta cargaison d'amour
sur le rivage, pour t'évader, toutes voiles hors,
à travers l'ombre fraîche, dans la souplesse aérienne
... vers les royaumes transparents de ton beau rêve.
. . . .
Mais moi, je te dirai des cruautés sanglantes
comme on se mord les doigts, pour ne point s'endormir,
quand on veille les morts !...
Hélas ! tu es déjà couchée, ma bien-aimée,
dans le sépulcre d'or de ton sommeil...
Dis-moi, que dois-je faire ?... ne dors pas ! prends mes doigts,

prends mes lèvres, tous les membres de mon corps !..,
Ce sont là tes amants ! Prends-les tous à la fois !...
Prends-les séparément, l'un après l'autre...
Assouvis-toi d'amour pesant, comme les filles à soldats....
pourvu que tu ne sois jamais à lui, le Dieu infâme !...

VII

LE DIEU DES MIDIS

pour Paolo Buzzi.

Il vient, il vient courant le long des plages !
Il vient parmi le vent de pourpre et d'or !
Il vient, le Dieu vermeil, en défonçant les sables !...
Je le sens, ciel !... mes oreilles sonnent et bourdonnent,
mes oreilles éclatent sous le fracas tonnant,
qui bondit de roche en roche et par delà les promontoires.

Les roches sont frappées d'une stupeur solaire...

Ciel ! Ciel ! je vois la plage toute luisante d'ébène
et de suie bleue... et je l'entends venir
au galop, infatigable, le Dieu casqué de feu ;
et le fracas de ses grands pas pesants sur le rivage
se répercute sur l'enclume encolérée des mers !...

La mer fume comme une enclume hérissée d'étincelles...

Ciel ! Ciel ! On dirait qu'il vient de toutes parts,
il vient de tous les points de l'horizon,
et le fracas de ses grands pas pesants
entasse son sur son, de plage en plage...

Des Echos ameutés... venus des montagnes
lointaines et pris de lassitude !...
Des Echos élastiques aux aguets, pointant l'oreille,
des grands Echos d'airain, bombent leurs dos
de vieux chats métalliques dont les ventres ronronnent !....

Il est trop tard, le Dieu va nous atteindre !...
Ses jarrets tendus et maillés d'or barbare
bruissent et resplendissent .. Ses pas pesants
sonnent sur le rivage d'argent,
et son torse colossal, tout musclé de rayons,
encombre l'azur profond jusqu'au Zénith !...
Trop tard !... Tout est perdu !... Il nous atteint.
La mer seule nous reste, la mer qui nous regarde ! ..
La mer qui nous regarde,
comme une prunelle immense, toute cillée de flammes...

Il vient, lancé à toute ivresse, agile et nu,
les bras tendus, vers toi, pour t'enlacer !...
Déjà ta chair a frissonné de joie,
sous l'enveloppement de son haleine rousse,

déracinante et forcenée ainsi qu'une avalanche,
ou la lave d'un volcan... Réveille-toi, Julie !...

Hélas ! Hélas ! ma bien-aimée s'est endormie
insouciante et lointaine, tout près de moi !...
Mais elle ignore sa cruauté !...
Elle a tout simplement sommeil...
Elle ne veut que dormir en allongeant son corps
parmi le sable, sans sentir mon contact !...

Non, non ! j'ai tout compris !... C'en est fait de notre amour,
car Julie me repousse... car Julie me refuse
ses lèvres pour les offrir à son Dieu !
. . . .
Où est-il ? Je ne vois plus !... la plage s'enténèbre
dans mes prunelles... Le voici !... Le voici !...
Le Dieu se penche ; son torse se fleurit
de lèvres écarlates... Son torse nu est cuirassé
d'émeraudes brûlantes et de prunelles vertes
liquéfiées par un soleil de désespoir !...

Au loin, des murailles blanches aveuglées de lumière,
des murailles capitonnées de flamme, drapées
aux plis rigides d'une chaux vive,
trébuchent, en tâtonnant, comme des mendiants
aux yeux bandés de linges blancs !...

Elles galopent a la queue-leu-leu, ainsi que des aveugles,
les murailles aux yeux bandés de linges blancs
et de chaux vive... vers la mer, vers la mer !
... sous l'explosion fatale des midis !...

Et la mer embrasée n'est plus que la poussière
de braise et d'or qu'ont soulevée les pas pesants du Dieu...

Ah ! le Dieu se penche, le Dieu se couche sur ton corps !..
le Dieu t'enlace, et ses genoux d'airain défoncent
le rivage, pour entr'ouvrir tes cuisses !...

Elle est couchée, la face au ciel, entre mes bras !...
Malédiction !... je suis le lit vivant,
désespéré, de leurs amours ! Ma poitrine sanglote
sous la férocité de leur enlacement,
dans la lumière intense !... Et néanmoins,
une profonde nuit absorbe de toutes ses ventouses,
mon Ame et son Sommeil et l'éternel Silence
de la plage ensoleillée, en plein Midi !...

X

LES LACS D'OR

LES LACS D'OR

pour Camille Mauclair.

Je suis las d'entre-bâiller à coups de reins ma tombe,
pour voir, entre les mâchoires ricanantes
des pierres, le Printemps bedonnant
en son veston glorieux des dimanches,
couleur laitue, tout huilé de lumière !...

Comme un ivrogne sous la treille des guinguettes,
le Printemps en goguette s'esclaffe d'un rire gras,
en faisant sursauter le soleil sur son ventre,
comme une grossière breloque d'or !...

Je suis las d'arc-bouter mon corps contre la Mort !...
Que le couvercle de ma tombe retombe
et fracasse mon crâne où brûlent
et se consument d'amour les Nuits d'Eté,
toutes crépitantes d'Etoiles, les belles Nuits
épuisantes d'implacables onanismes, où soudain

les Etoiles viennent s'accouder nostalgiques
aux rebords des nuages !...
les Nuits lentes que dévore l'insomnie des Etoiles !...
les Nuits impatientes et rongées d'obscurs remords,
où les constellations palpitent, véhémentes
et chaudes sur nos joues, comme un pouls frénétique !...
toutes les Nuits vénéneuses dont sont morts les poètes !...

Que le couvercle de ma tombe retombe
et fracasse mon crâne, où croupissent
les beaux lacs de phosphore de mes luxures idéales !...
les grands lacs d'or étales,
sous les constellations pesantes qui bombent
leurs ventres rouges d'alambic !...
Les lacs d'or, tous velus et feutrés de vampires,
qui soufflent la dissolution et le Néant !...

O beaux lacs, dont les rives s'arrondissent
comme des cuisses, et où les pas s'enlizent
éperdument, avec délices,
parmi le sable ouvrant ses lèvres pour les boire !..

Que le couvercle de ma tombe retombe
et fracasse mon crâne, où s'évaporent
les lacs de mes luxures !... Lacs d'or,
affalés de langueur et de fraîcheur lunaire,
c'est vers vous que je rampe infatigable !...

Quand donc reposerai-je mon front torride
sur l'oreiller assoupissant de vos sables glacés ?...

Oh ! Jamais !... Oh ! Jamais !.. je n'atteindrai vos bords,
Lacs si proches et si lointains, lacs inabordables !...
Lacs éblouissants dans les touffeurs de mon désir !..
Lacs soudain fourchus d'ailes membraneuses,
car des vampires vous défendent !..
Mille vampires, tressant leurs ailes grandes ouvertes,
ont obstrué, capitonné vos rives
moelleuses d'or, qui brûlent
dans l'enténèbrement des crépuscules !
A coups d'étoiles brandies, à coups d'étoiles aiguisées,
il faut que, surgissant par-dessus les montagnes,
il faut que tu poignardes les vampires obscènes
de ma chair, ò Nuit complice !... o Nuit libératrice !..

Jadis, j'ai vu s'éclore sur vos bords, beaux lacs d'or,
l'amante pâle et flexueuse que j'attends,
la femme tôt fleurie et tôt morte !.
J'ai vu sa nudité juteuse se dissoudre à jamais,
sur vos rives, tout doucement, un soir vaste d'Eté,
comme un regard s'évanouit sous des paupières d'ombre !...

Que mon crâne s'émiotte avec sa floraison,
de désirs insatiables, avec ses horizons
cajoleurs et fuyants, où les forêts ivres

de parfums, en chancelant, m'appellent
de leurs panaches, persuasifs
comme des gestes de femmes lasses et désirantes !...

Que mon crâne s'émiette avec tous les panaches
de ses forêts lointaines, avec les châtoiements flous
de ses forêts sous la lune, et leurs remous violets
et leurs encens épars dans les beaux soirs damnés,
et leurs froufrous aussi doux que les dessous
énivrants d'une jupe adorée,
que l'on soulève en rêve pour la première fois !...

XI

LE CHEVALIER NOIR

LE CHEVALIER NOIR

pour madame Lida Brochon.

— « Dieu de haine et de folie, donne-moi la force
de grimper jusqu'au faîte ! Voici, l'Aube blanchit
les croupes escarpées de l'immense falaise...
Courage, bon Walnur, mon fidèle coursier,
nous atteindrons bientôt l'auberge de Satan !....
Tu boiras tout ton soûl aux abreuvoirs de feu,
tu mâcheras, Walnur, les foins blonds de l'Aurore
pêle-mêle à des gerbes de rayons flamboyants !... »

. . . .
Très haut sur la falaise de granit, à pic
et surplombant la mer de cent coudées,
un grand Chevalier noir, campé debout, dedans ses étriers,
tendait ses bras vers le gouffre des Nuits !...
Son cheval squelettisé par la fatigue
et par la faim, avait plié ses lourds jarrets,

aplatissant son encolure
sur la roche glacée.
Une Aube grise et sans espoir, toute courbée
sous l'échevèlement des brumes,
traînait sur l'arc de l'horizon
des rugueuses mamelles épuisées...
L'Aube avait tari le lait divin de sa lumière
sans nourrir le grand Jour nouveau-né
qui se décolorait agonisant dans son berceau ;
et l'Aube sanglotait ainsi qu'une pauvresse
claquant des dents, frileusement,
dans l'entre-choc sonore des galets...

Alors le Chevalier, debout, tendant les bras
à la mer invisible, cria d'une voix rauque :

— « J'ai traversé la terre aux trousses du Bonheur.
J'ai conquis des cités, ravagé des royaumes
et taillé mon désir par des fendants de glaive,
dans la panse bourdonnante des foules.
J'ai guetté le mystère au creux des alambics !... »

Il avait sa noire armure toute fracassée...
Ses beaux yeux attisés d'extase frénétique
pleuraient parfois, sur sa joue cave
une goutte de lave.
Et son visage incandescent haletait.

— « J'ai possédé, cria-t-il encore, des femmes
et des femmes, secouées par un rut ancestral,
inassouvies d'ivresse et de plaisir..
D'un trait, d'un trait, j'ai bu leurs nudités grisantes
liquéfiées par un amour torride. »

— « Ohé ! Ohé ! Quelles voix,
quels marteaux et quelles cloches
vont délabrant l'espace autour de moi?...
Est-ce donc là un écho de ma voix rauque
que répercutent les échos lents et somnolents des roches ?..

. . . .

Ah ! Ah ! Ce sont tous les Tocsins ameutés du Remords
et lancés au galop sur mes traces!
Tous les Tocsins des villes que j'ai ressuscitées,
en leur donnant un cœur de feu et de démence !...

Ah ! Ah ! je me souviens qu'en un midi d'été,
j'entrais soudain dans le silence d'un cloître bleu,
huilé d'ombre et de vieil or solaire
j'entrais royalement au pas
de mon cheval monumental,
comme une Tentation superbe de Gloire et de Luxure
en brandissant très haut la torche du délire !..
Ce sont eux ! Ce sont eux ! Je reconnais leur bruit
de vivantes ferrailles rouillées...
les Tocsins du Remords... pauvres martyrs écartelés,

longtemps cloués sur les croix des clochers,
et qui dégringolèrent un soir, de très haut,
avec les cauteleux paratonnerres et les pleurardes girouettes.

Ah ! Ah ! j'ai entendu à peine le tintamarre
des cloches résonnantes d'effroi, à mon passage,
lancées au plus grand vol comme des casseroles d'or
hors des fenêtres, en l'incendie
d'une cuisine impériale !...
Ce sont eux, les Tocsins enragés du Remords,
soudain montés en selle, qui me poursuivent,
car j'ai tracé des routes vives de souffrance,
j'ai gonflé de sanglots le sein paisible
des antiques cités qui respirent en paix, sous les étoiles.
J'ai drapé leurs murailles d'incendies somptueux,
pour passer, impassible, sur mon cheval monumental,
campé en cavalier de bronze,
sous mon panache globulé de ténèbres
qui s'emmêlaient aux étincelles de l'incendie nocturne !...

O Tocsins affolés du Remords !
O Tocsins du passé, que me réclamez-vous ?
Et pourquoi s'acharner à mes trousses véloces ?..
N'avez-vous pas souri d'une infernale joie,
n'avez-vous pas joui et ruisselé d'ivresse rouge
dans les rides profondes de vos murs millénaires,
en contemplant mon beau visage de lumière,

tandis que me haussant sur la barre des étriers,
je brandissais plus haut que le Zénith,
ma fulgurante épée d'Archange satanique,
ma belle épée plus souple qu'un beau rayon de lune...

Hélas !... ma vieille épée que j'ai brandie jadis
aux flammes fraîches de l'Aurore,
ma bonne épée est ébréchée !...
J'ai galopé trente ans et voici, mon cheval
est fourbu... et crache ses poumons...

Qu'importent les Tocsins ?.. Je ne pourrai jamais t'atteindre,
mon Etoile Idéale, ô toi, le Rêve Unique,
ô Soif de mes Soifs Eternelles,
ô souriante Etoile qui fuit de cime en cime !...
Je ne saurai jamais t'acculer au creux
des montagnes sublimes, et t'enlacer,
et te clouer au faîte d'un promontoire !
O fascinante Etoile aux lèvres démoniaques !...

Par un grand soir auréolé d'Apocalypse,
j'entrevis ta moelleuse nudité d'azur,
et depuis je m'acharne après toi
d'un galop de cyclone dévastateur.

Voici que j'ai atteint les confins de la terre,
et tu fuis à jamais et tu fuis, Etoile inexorable...

Mon grand coursier, les reins cassés, s'abat contre le sol,
et demande à mourir ! Je suis vaincu, agonisant
et je n'attends plus rien du ciel et de l'Enfer.

. . . . . .

Pardonne-moi d'avoir longtemps
immensément aimé tes Lèvres idéales,
ô mon Rêve Suprême, Etoile des Etoiles !...

XII

HYMNE A LA MORT

HYMNE A LA MORT

pour Laurent Tailhade.

Des cris aigres ont vrillé de part en part
mon âme ! Où donc ai-je entendu ce cri verdâtre ?...
. . . .
Je me souviens. C'est le grand cri des naufragés sublimes
ivres-morts d'Idéal, qui boivent
à la tristesse auguste des Etoiles !...

Jadis, en un port saure et bitumeux,
enchevêtré de mâts en croix de maléfices,
tout palpitant de voiles en ailes de vampires,
je m'étais échoué — par quel hasard ?...
sous les basses travées d'une guinguette de marins
au bout d'une estacade aux pilotis branlants.
Le Soir coulait son huile rousse et mordoree
de pourriture, empouacrant les flots. .
— Tempête prochaine ! beuglaient les matelots...

Par les vitres, je vis d'anguleuses carènes d'ébène
qui fumaient ainsi que des enclumes,
et des géants fuligineux parmi la brume
qui martelaient à grands coups les suprêmes rayons
du soleil, telles des épées chauffées au rouge ardent !...

Le ciel couleur de sable et d'ocre se durcit
plus infranchissable que les murailles d'un cloître.

— Clouez les amarres ! hululaient les marins,
les deux mains en cornet sur la bouche ;
serrez les funins au beaupré !... Le noirot souffle !...

Les vagues pesamment semblaient rouler
au large, mille naufrages émiettés.

Hors les tenailles des môles, par delà les troupeaux
des nuages et leurs toisons boueuses
que la rafale assaille à coup de gaule,
voici les derniers gestes effarés de la lumière !...
...Car un noyé sublime, soleil incandescent
ou planète mourante, sombrait à l'horizon
après avoir longtemps frappé l'air
de ses longs bras de feu,
dans l'amertume engloutissante de ce grand soir maudit.
Soudain la tempête souffla dans ses buccins sonores ;
les échos éclatèrent de part et d'autre

sous des notes de plomb,
et les carreaux jaunâtres furent zébrés,
emplis d'un cliquetis d'éclairs acides !...

A quoi riment vos coups de maillets formidables,
noirs géants entrevus dans la brume...
et vous démons qui brisez à tour de bras
des coutelas d'airain et de vieilles hallebardes,
au large, sur les dos fuyants
d'illusoires baleines au pelage de phosphore?...

Sous nos pieds, de ci de là, la guinguette
dansa sa gigue dégingandée
sur ses noirs pilotis, comme sur des échasses.

O mer infatigable, qui vas gonflant
et regonflant ton ventre bleu,
nourri de sable et de roches broyées,
toi qui vas aiguisant les boutons irrités
de tes mamelles épuisées de sirène
sous le plancher branlant, hurle donc ton énigme !...
Quelle est donc la torture et quel sera le fruit,
dis-nous, de ton funèbre enfantement ?...

Et le plancher râla, en tâtonnant de ci de là
vers un appui, comme un ivrogne blessé à mort ;
le plancher souleva sa poitrine en sanglots

que disloquent les saccades d'une toux de géant.
Nous étions, les marins John, Fritz, vêtus de cuir,
et moi, tous attablés, les pieds les poings liés,
autour d'un quinquet jaune, et j'entendais leur voix épaisse
gargouiller des prières comme une eau noire.

Tu t apaisais parfois, ô grande mer sournoise,
et dans les pauses du silence tout-puissant,
nous regardions, figés, l'étoile jaune
du quinquet qui parlait haut et monotone,
tirant vers nous sa langue fumeuse de friture !

Et le quinquet nous regardait
clignant son œil de ténébreux augure,
comme un hibou ! ..

Fritz marmonna : « Priez, priez pour nous, sainte Anne !
« car qui peut nous sauver de ce grain satanique ?
« Regardez, hurla-t-il, les balais de sorcières
« au paillon de phosphore qui passe dans le noir !... »

Aussitôt le plancher se tordit sous nos pieds,
la guinguette sembla crouler dans les ventouses
attirantes de l'abime,
et la porte éclata, les vantaux fracassés.

— « C'est le noirot qui mâche dur, dit John. »
— « Bougez pas ! cria Fritz. . Ce sont eux qui reviennent ! »

La porte était béante et miaulait
comme la bouche affamée d'un matou infernal
aux vastes prunelles phosphoreuses,
soufflant sa haine rauque et sa bave sifflante,
avec toutes ses griffes au clair
aiguisées sur la nacre des lunes abolies !...

— « Hissa-hoo ! Hissa-hoo ! » Se cramponnant aux cordes,
avec un han fiévreux, quatre marins entrèrent,
rampant à plat sur le plancher,
effilés, ruisselants ainsi que des poissons.,.
— « Hissa-hoo ! Hissa-hoo ! » Ils trainaient derrière eux
le lourd tronçon d'un mât et des lambeaux de voile
tordus comme serpents !...
Leur voix rauque beugla — « Les barques sont brisées !...
Nous sommes seuls !... tous les autres sont morts !... »

Alors une clameur aigue
domina le vacarme effroyable des eaux.
Un cyclone avait-il lancé du haut d'un promontoire,
dans les mâchoires scélérates de la mer,
des grands troupeaux d'hyènes s'entre-mordant de rage ?...
. . . . . .
Mais c'était, ô démence ! le cri d'acier verdâtre
que poussent en sombrant les naufragés sublimes,
chus des galères idéales au beauprè de diamant.
C'était bien votre voix exaspérée d'amour,

ô naufragés sublimes, vous qui viriez jadis
dans les remous éblouissants des Voies lactées,
de firmament en firmament, vers le Zénith !...

Et la porte éclatée, vociférante et rouge
fumait comme la gueule d'un Dragon.
Tout à coup le plancher bondit en un sursaut ;
nos entraves rompues : nous rampons à tâtons vers la mer.
Nos torses ?... crispés d'horreur, penchés sur le gouffre !...
tout ruisselants de laves bleues et violettes !....
Nos visages ?.. illuminés par les éclairs
qui hachaient fougueusement l'infini
de leurs tranchants verdâtres !.....
Nos prunelles ? exorbitées !...

La bouillonnante mer, au large, simulait
le branle-bas final d'un festin de géants
avec ses entre-chocs de métaux bruissants
pêle-mêle à des nappes immenses,
toutes rougies de sang et de vins écarlates,
que des guerriers avaient hissés au bout des lances,
en délirant d'ivresse et chantant en cadence .

— « Hurrah ! Hurrah ! Gloire à la Mort qui jamais ne trépasse,
la maîtresse au long corps d'anguille fantastique
sous son visage incandescent d'acier !...
Gloire a ses yeux éblouissants de glacier au soleil !..

Gloire à ses dents d'ébène !... Gloire à ses doigts de glace
dont la caresse anestésie nos vieux désirs torrides !...
O gué ! O gué ! la Mort est une gaie maîtresse !... »

Soudain voici que les plus forts ont transpercé
les nappes somptueuses de la houle,
avec la pointe en feu de leurs casques puissants.
Ils dansent au fracas des armures broyées,
au tintamarre des vaisselles impures,
le visage souillé, la lance au bras,
en brandissant de l'autre des coupes d'or massif
que la Foudre, pareille aux échansons furtifs,
remplit d'étoiles et de pelotes de phosphore,
d'un geste leste et bariolé comme un éclair !...

— « O gué ! O gué ! la Mort est une gaie maîtresse ! »

De beaux guerriers à demi-nus,
dont le torse est rôti par la langue des flammes,
enjambant les trépieds, couraient vélocement
de table en table, pour activer partout
cette crépitante flambée de joie !...
cependant que des Rois à taille colossale
chancelaient à mi-corps dans le tohu-bohu,
et tombaient sous le poids oscillant des couronnes,
dans le déferlement de leurs manteaux pourprés !...

Enfin ! Enfin, parmi le va-et-vient brumeux
des convives en liesse, je reconnus sous leur diadème
des maîtres, des amis ou des frères,
des chercheurs d'Impossible, affamés d'Idéal,
des Héros, des Poètes !...

Debout, levant très haut
leur coupe incrustée d'astres,
ces Dieux chantèrent comme des gongs
frappés par le tonnerre :

— « Hurrah ! Hurrah ! Nous avons tout vaincu,
tout savouré et tout détruit et nous buvons, voici !
à longs traits, le breuvage de la Mort,
le clair breuvage sidéral aux infinis miroitements !...

— Voici, la pourpre, les couronnes et les femmes conquises.
Voici nous possédons, hurrah !... les villes orientales
aux minarets debout, en sentinelle,
sur mille portes d'or, dont les vantaux d'airain
chantent comme des lyres, en roulant sur leurs gonds !...
Voici, notre grand Rêve idéal possédé !...

— Hurrah ! Hurrah ! Gloire à la Mort qui jamais ne trépasse,
la maîtresse au long corps d'anguille fantastique
sous son visage incandescent d'acier !...
Gloire à ses yeux éblouissants de glacier au soleil !...

Gloire à ses dents d'ébène ! Gloire à ses doigts de glace
dont la caresse anesthésie nos vieux désirs torrides [1]..
O gué ! O gué ! la Mort est une gaie maîtresse ! »

Alors sous le toit noir, les marins goudronnés,
cramponnés près de moi à plat sur le plancher,
tendirent leur visage pétrifié vers l'abîme,
leur visage bleui comme la flamme de l'alcool,
et chantèrent en cadence, lugubrement :

— « O gué ! O gué la Mort est une gaie maîtresse !... »

ÉPILOGUE

—

XIII

INVOCATION

A LA MER VENGERESSE

POUR QU'ELLE NOUS DÉLIVRE DE L'INFAME RÉALITÉ

INVOCATION A LA MER VENGERESSE
R QU'ELLE NOUS DÉLIVRE DE L'INFAME RÉALITÉ

ÉPILOGUE

I

CONTRE LA TERRE

pour Rachilde.

terre, ses symétries, ses courbes géométriques,
on allure paresseuse d'âne aux yeux bandés
fait tourner la fulgurante roue solaire,
sant depuis toujours au tréfonds de l'espace,
 lumière empoisonnée ! La Terre ?...
Terre !... oh ! le dégoût de vivre sur son dos,
ime les singes bariolés des foires !...

'aime, ô Mer libératrice,
n grand amour inassouvi,
)i, le seul chemin qui me conduit à l'Infini !
 vagues ont de tels bonds vers les nues voyageuses,

et la ligne est si frêle qui sépare ton azur
de l'Azur, que c'est pure délice
de partir entre tes bras,
sans pilote, sans voile et sans mâts,
en nageant, si tu veux, pourvu que l'on s'en aille
vers l'arc profond et fascinant de l'horizon
qui tressaille là-bas !...

C'est si facile de s'en aller vers l'Au-delà
par tes chemins de soie profonde et moelleuse !...

Voici d'ailleurs, tous les vaisseaux étincelants du Rêve
s'alignent dans le grand large !...
Voici, leurs mâts brandis comme les lances
d'un campement barbare !... Voici leurs voiles
souillées de sang et de vins écarlates,
comme des nappes d'orgie !...

O gué ! dansons, mon cœur, sur la cadence du roulis !...
car bien de beaux voyages s'imposent à mon délire...
Tous les naufrages engloutissants m'attirent !...
A moi, à moi la Rose des vents épanouis !...

Les voiles sur la mer... les nuages au couchant,
bombent déjà leurs joues de séraphins,
soufflant dans leurs buccins des fanfares guerrières,
criblant tous les échos comme des cibles,

pour que je vire enfin sur l'Impossible,
dans le remous éblouissant de leurs rafales !...

Que vois-je au loin, parmi ces entre-chocs
de grands blocs de phosphore,
parmi ces cliquetis d'éclairs que l'on aiguise ?...
Un grand rocher noirâtre et anguleux
cambre sa taille de squelette élégant !...
Sa cime est ivoirine, toute arrondie comme un grand crâne.
et la lune d'acier tranchant rutile à ses pieds noirs,
telle une faucille ensanglantée !...

C'est la Mort et sa faux légendaire !
C'est la Mort qui préside au baiser ténébreux
que je dépose, ô Mer, à pleine bouche,
sur ta dent formidable à broyer les rochers !...
Détruisons ! Détruisons ! Détruisons !...
Puisqu'il n'est de splendeur qu'en ce verbe farouche
et tranchant ainsi qu'un couperet de guillotine,
détruisons ! Détruisons ! Détruisons !...

O Mer gonflée de haine et de rancunes éternelles,
mes veines ont absorbé ta démence liquide,
et t'ont tordue cent fois, en leurs lacis
innombrables, précipitant ton galop fou
sur la pente exaspérée de ma fureur,
par des goulets étrangleurs,

au travers des artères, vers mon cœur, vers mon cœur,
qui t'a bue tout entière !...

Mon cœur t'a bue !...
Et je te sens aussi monter et bouillonner
dans mes entrailles, en marées de colère,
cependant que cabré au bout d'un promontoire
je brave ta furie en retrempant mes joues
en ta gifle dentée d'écume et de roche émiettée !...

O Mer, j'entends ta voix qui vocifère
dans ma gorge profonde, les ordres enragés
des pilotes, bâillonnés par l'averse,
fascés de brume sur leurs dunettes,
parmi des cris noyés de vent et de détresse
dans la tempête !..

O Mer, j'entends ta voix qui vocifère,
dans ma gorge profonde, les jurons des pilotes
soudain couchés à la renverse,
quand la proue se soulève en plein rêve, cabrée,
rêvant d'escalader à coups de reins
la rampe zigzaguante d'un éclair !..

Je sens dans ma poitrine
le claquement des voiles que tu gonfles !..
J'ai dans mes os la mâture crissante

des voiliers moribonds, qui râlent
comme un orgue géant sous ton doigté farouche !...
Et ma bouche vapore l'embrun salé de ton haleine !...

Bondis, bondis, enfin hors de mon corps
de plage en plage ! C'est moi qui te déchaine, ô Mer,
vers un carnage atroce, vers l'impossible Destruction.

L'heure a sonné pour le naufrage de la terre !...
Les grands phares se dressent pour offrir un trésor
de lumière éphémère ! Les Phares ont fouillé
les profondeurs, et voici qu'ils soulèvent
des algues et des coraux resplendissants !...
Ce sont là les entrailles lumineuses de la terre,
qu'ils nous tendent, à poignées pleines,
par dessus les nuages...

On dit que tu dévores sournoisement, à petits coups,
la Terre !... Liesse et joie profonde !...
Oh ! qui pourra nier que tu viens d'engloutir
plusieurs mondes avant le nôtre, pour rassasier ta haine ?
Je le jure par ta faim éternelle et par la mienne !...
Je crois en tes silences massifs de vieux colosse
ivre-mort, croulé bas des plateaux,
sous les grands cimeterres au clair
des soleils à midi !...
Mais qu'attends-tu, ô Mer ? Hâte-toi !

Hâte-toi de dévorer la terre...

Détruisons ! Détruisons ! Détruisons !...
Puisqu'il n'est de splendeur que ce verbe effroyable
et fracassant comme un marteau cyclopéen,
détruisons ! Détruisons ! Détruisons !...

II

CONTRE LES VILLES

pour Octave Mirbeau

Holà ! Venez à moi, vieux mendiants harassés,
rôdeurs et maraudeurs, chassés comme des chiens galeux
hors des églises de la terre,
par la colère des sacristains !...
Eternels chemineaux aux pieds sanguinolents,
vieilles loques farouches, rognées par le tranchant des bises,
venez à moi qui vous appelle, cabré
au bout d'un promontoire, criant à pleins poumons,
et les mains en cornet sur la bouche ! Venez a moi !...

Holà ! vous m'entendez?... Et je vous vois sortir
a pas lents, de vos cahutes informes
qui gisent écrasées sur le versant des roches,
comme les fientes colossales des pachydermes abolis. .
Vers quels gibets traînez-vous donc vos pas si las ?...

Redressez donc vos tailles ! Levez la face au ciel !..
Accourez donc pour admirer la Mer libératrice !...

La Mer onglée d'acier qui se prélasse,
voilà, dans la tanière de ce golfe noir ! .
La Mer aux bâillements d'éclairs versicolores
dont le souffle éparpille voiles et nuages d'or !...
La Mer et sa musculature
puissante et bridée de tigresse en rut !...
La Mer et son pelage tout ocellé d'étoiles !...
C'est la Mer vengeresse qui nous délivrera !...

Accourez donc vers moi en bravant la marée
et ses vagues lancées tels des lazos féroces,
sur les pêcheurs qui guettent patiemment, la ligne aux doigts,
le fretin d'une loi bienfaisante !...
La mer se cabre ?... Avancez donc !... ne craignez rien ! .
... Ce sont folâtreries habituelles de tigresse
pour amuser ses nouveau-nés avant les griffes !...

D'ailleurs, puisqu'il faudra que des mains ensanglantent
vos faces, Rôdeurs et Maraudeurs,
préférez donc, aux gifles méthodiques des Rois,
la gifle renversante de la Mer !...
A leurs crachats, préférez donc son lourd crachat d'écume
fleurant la liberté et la mâchoire des brisants ! ..

Mais hâtez donc vos pas ! Les trônes sont brûlés.
Plus de gradins !.. Roidissez donc vos lourds genoux cassés !

Beaux chiens savants, vieux serviteurs,
faites donc la courbette
devant vos maîtres, une dernière fois !...
Pliez vos reins, plus bas, plus bas, pour éviter la trique ;
pourtant n'oubliez pas d'inscrire vos noms ternes
sur leurs ventres antiques, avec un fin poignard,
comme font les touristes au bas des monuments...

. . . .
Vos mains sont vides ?... Et vos couteaux et vos lanternes,
qu'en faites-vous ?... Et mes sages conseils
sont-ils donc oubliés ?...

Ah ! vous avez trop longtemps haleté de fureur
en demandant l'aumône, d'une voix monotone,
tout en languant impatiemment sur vos béquilles
poudreuses qui sonnaient, pourtant,
comme de lourdes crosses sur le seuil des châteaux !...

Mendiants sournois et faux estropiés,
désentravez vos jambes des bandes mensongères !...
Avec vos pansements et vos charpies hideuses,
vous pourrez ligoter et bâillonner vos maîtres !...
Vos béquilles ? Brandissez-les ainsi que des fléaux,
et battez donc, et battez donc les mufles émiettés,

les barbes fluviales et les cheveux roidis
des Grands Rois Auriferes du Monde !...

Et battez donc ! Et battez donc, en liesse,
sur l'Aire grandiose de la Haine,
ce chanvre scélérat récolté dans l'histoire,
dont les grains pressurés vous donneront l'ivresse,
ce chanvre floconnant en neige sur vos têtes !...

Ainsi, le rêve ardent d'un idéal haschich
pavoisera divinement vos cerveaux élargis
d'une aurore vermeille aux splendeurs orientales,
et d'un pompeux soleil tout ruisselant de joie
sur vos cœurs déchaînés et l'agonie des lois !...

O lapins empaillés, vile race de chiens !..
qu'attendez-vous ?...
Voulez-vous donc sans fin cuire et recuire
vos misérables cuirs de bêtes fauves traquées,
vos trognes casées et symétriques,
dans les bâtisses empouacrées des villes,
comme des pains de soldats dans les fours des casernes ?

. . . .

A moins que de vouloir y dissoudre à jamais
votre idéal de liberté et vos soifs de Justice !..

C'est donc plaisante vie que la vôtre, ô mendiants,

figés en cariatides entre les rides des murailles,
au fond des rues que leur ladre industrie
plafonne de nuit de suie et de mortel ennui ?. .

Du Ciel ?... en voulez-vous, ô rats présomptueux ?...
Le ciel n'est plus pour vous qu'un soupirail,
grillé de fils téléphoniques !...

Et leurs lampes vous amusent, qui tressaillent
le soir, sur leurs dîners avares au condiment de haine ?...
Ces lampes innocentes qui lavent de lumière
de rondes faces usurières en forme de louis,
marquées d'un même sceau par un Sot couronné !...
O lampes innocentes sur les dîners des riches,
pauvres rayons ravis aux inutiles Prométhées !..,
Etoiles enchaînées qui pleurent aux fenêtres !...

Vous pouviez bien, rampant autour des tables,
où sont vautrés les généraux paillards et ivres-morts,
auréolés d'alcool, dans la chaleur des candélabres,
... vous pouviez bien, tout en feignant
de ramasser des miettes méprisables,
ravir sous leur serviette, au fond des poches,
la clef des poudrières souterraines !...

Et puis ?... Et puis, vous couler bas, ainsi que du ricin
salutaire, dans l'intestin puant des vieux palais,

pour y jeter la mèche vulnérante d'or,
la mèche crépitante qui vous délivrera !...

... Qui vous délivrera des patrouilles sinistres
aux pas d'airain scandés dans le silence...
. . leur cliquetis de sabres et leur bruit de menottes
mordant vos mains, tandis que vous rêvez
couchés sur les remparts, parmi la nostalgie
d'un clair de lune immensifié par vos désirs
de liberté !

La mèche vulnérante qui vous délivrera
des patrouilles sinistres dont les hilares baïonnettes
vous balayent tout à coup, sans pitié, hors des murs,
hors du seuil des villes,
ainsi que des ordures !...

... Des ordures ?... Tant mieux !... Entassez-vous !...
Entassez-vous, ô Vivantes Ordures !...
Nous y pourrons cacher la dynamite impatiente.
C'est une gaie manière de féconder la terre !...
Car la Terre, croyez-moi,
sera grosse bientôt, si grosse... à éclater !...
d'une sublime Etoile,
aux explosions illuminantes !. .

III

CONTRE L'ESPOIR DE REBATIR

pour Gabriele d'Annunzio.

O grande Mer rebelle et véhémente !...
Grande Mer Vengeresse,
o Mer de caoutchouc noirâtre,
bondis, bondis d'un élan élastique
par-dessus les nuages, jusqu'au Zénith !...
... Et puis, tombe et retombe fougueusement,
comme une balle énorme de caoutchouc pesant !...
Défonce les rivages, les ports, et les docks accroupis
comme des buffles sous leurs cornes virantes de fumée !...

Ecrase les cités et leurs couloirs de catacombe,
écrase encore sans cesse le peuple des goitreux
et des abstémes, fauche d'un coup
des moissons rabougries de pliantes échines !
Défonce les bedaines milliardaires

ainsi que des tambours en y sonnant la charge !.
Grande Mer Vengeresse, lance donc, lance donc
nos crânes explosifs dans les jambes des Rois !
N'est-ce pas là votre jeu de quilles préféré
Rôdeurs et Maraudeurs ?... Hurrah ! Hurrah !.. ..

O Mer, délivre-toi de la palpitation
immonde des voiles membraneuses
enchevêtrées en ailes de vampire,
et qui couvent, parmi les bastingages,
des ballots scintillants comme d'énormes œufs d'or !..

En un grand jeu de flux et de reflux, force et dévaste
les grands ports d'ébène tout étranglés de roches,
dont le goulet souffle une rouge haleine,
sous des Fumées géantes et droites, couronnées d'astres,
qui les piétinent superbement de leurs pas de fantômes !..

Et ces rades d'Afrique que trois canons cloués
en batterie, au bout d'un brise-lames,
voudraient défendre encore, accroupis aux aguets,
comme les dogues foudroyés d'une case maudite !...

Les criques solitaires que les pirogues maraudeuses,
emmantelées de brume, visitent, à pas sournois,
avec des flammes louches rampant sur l'eau d'acier !...

Et tes ports renfrognés comme l'antre d'un sorcier
dormant sous l'œil verdâtre et rond d'un phare
qui veille à la nuit pleine comme un chat au sabbat !...
Golfes, rades et ports et leurs chantiers voraces,
et leurs môles tendus tels des longs bras de ladre,
brandisseurs de tenailles vers la fragilité
des îles qui tressaillent au loin !..
..... Assaille-les, ô Mer, au crépuscule, cabrant tes houles!...
Enlace-les avec les tentacules formidables
de tes vagues d'émeraude élastique !..

Embouche les buccins de tes rafales,
jette l'épouvante au cœur des villes ténébreuses,
et gifle du revers écumant de tes lames
le gros mufle rugueux des brunes citadelles
ocellées de lanternes qui sanguinolent dans l'eau noire,
sous les cheveux raidis des baïonnettes au clair...
..... au clair de lune !...

Degonde à tour de bras et déracine
les murailles d'airain que tu auras fascées
de tes tresses géantes au triple nœud gordien
mordu de pierreries !...

Disloque les promontoires en tronçonnant d'un geste
les tours souveraines des phares !...
Dans le creuset des golfes aux parois de sables,

pile donc avec joie, sous tes pilons infatigables,
les cuirassées étincelantes,
battant neuf au soleil comme des uniformes !...
Entame à belles dents, mâche et remâche
leur rouge carapace de homard colossal,
leurs éperons, leurs mâts, et leurs hublots myopes,
leurs antennes fourchues et pavoisées de rouge
comme une pince où se balance un peu de viande !

Puis, entasse fougueusement et roule mille fois
ces pans de voiles, ces quartiers de navires
et ces carcasses de voiliers
en pelotes monstrueuses !..
Soutire-les aux profondeurs de tes abîmes ;
puis déclanchant comme un ressort
tes muscles tout-puissants,
projette au ciel ces masses incandescentes,
en guise de bolide,
dans le remous des forces sidérales !...

— « Quand tout sera détruit ?...

— « Quand tout sera détruit. Oh! plus ne nous donnons la peine
de rebâtir les fabuleux échafaudages
d'un Grand Monde idéal,
sur les ruines de l'Ancien !...
Quoi que nous rêvions, nous n'enfantons que Haine.

La main de l'homme ne sait construire
que des cachots, et forger que des chaînes !...

Assis au bout des promontoires surnageants
qui lentement s'éboulent,
grande Mer Vengeresse, nous attendrons la Mort,
sinistres et apaisés
et la bouche collée sur ta bouche formidable
à broyer des rochers sans effort !...
La Mort, la Mort présidera à ce baiser funèbre !...

Regardez ! Regardez ! Rôdeurs et Maraudeurs,
Eternels chemineaux aux pieds sanguinolents,
mes frères bien-aimés, ô derniers survivants,
déjà la Mort enfonce son ongle d'or crochu
sur l'arc de l'horizon noirâtre...
comme un croissant de lune aux bonaces d'été !..
Regardez ! Entendez ! Rodeurs et Maraudeurs,
Les voiles sur la mer .. les nuages au couchant...
bombent déjà leurs joues de séraphins,
soufflant dans leurs buccins des fanfares guerrières.

Voix Lointaines

Hola hé !... Hola hoo !... Détruisons !... Détruisons !...

FIN

Saint-Amand, (Cher). — Imp. Bussière.

BIBLIOLIFE

Old Books Deserve a New Life
www.bibliolife.com

Did you know that you can get most of our titles in our trademark **EasyScript**™ print format? **EasyScript**™ provides readers with a larger than average typeface, for a reading experience that's easier on the eyes.

Did you know that we have an ever-growing collection of books in many languages?

Order online:
www.bibliolife.com/store

Or to exclusively browse our **EasyScript**™ collection:
www.bibliogrande.com

At BiblioLife, we aim to make knowledge more accessible by making thousands of titles available to you – quickly and affordably.

Contact us:
BiblioLife
PO Box 21206
Charleston, SC 29413